Oswald von Northumbria

Heidnischer Prinz
Christlicher König
Heiliger Märtyrer
Sein Leben und die Ausbreitung seiner Verehrung

Von Hermann Eiblmeier
Marktl am Inn, Bayern
2014

Herstellung und Verlag:
BoD - Books on Demand, Norderstedt
ISBN 978-3-7347-3937-8

Inhaltsverzeichnis

3

Sankt Oswald

– ein unbekannter und unbeliebter Heiliger ?

Das Ökumenische Heiligenlexikon nennt zwei (früher drei) Heilige mit dem Namen Oswald.

Diese Arbeit befasst sich mit *St.Oswald von Northumbria (England).*

Er lebte von 604-642. Von 635-642 war er König von Northumbria.

Der zweite St.Oswald (* um955 + 992) war Erzbischof von York. Er lebte also gut 300 Jahre später als Oswald von Northumbria.

Als die barocke Marktler St.Oswald-Kirche, durch einen Neubau ersetzt wurde, wollten die Marktler, dass der Bischof die neue Kirche der Hl. Mutter Anna weiht. Bischof Heinrich Hofstetter von Passau erfüllte aber den Wunsch der Marktler nicht und weihte die Kirche **1857** dem alten Patron St.Oswald. Die Abweisung ihrer Bitte beantworteten die Seelsorger und Pfarrangehörigen damit, dass sie die Pfarrmesse an Sonn- und Feiertagen bis in die 90-er Jahre hinein nicht auf dem Hochaltar „in honorem S.Oswaldi", sondern auf dem Mutter Anna-Seitenalter feierten. [1] Eigentlich wollten die Markler ihre barocke Kirche erhalten; aber die Obrigkeit setzte durch, dass sie abgetragen, durch eine neugotische ersetzt „und die Inneneinrichtung, sie war nach Auffassung der Obrigkeit ohnehin nichts wert, verschenkt wurde ...Im Laufe der letzten Jahre wurde die Kirche in Berg, eine der sieben Nebenkirchen der Pfarrei Reischach, dem hl.Vitus geweiht, einer gründlichen Renovierung unterzogen, u.a. auch das Altarbild des hl.Vitus. Der Kirchenmaler Martin Zunhammer entdeckte bei der Renovierung, dass dieses

---

[1] Geschichte der Pfarrei Marktl. Internet www.marktl-st-oswald.de

Bild ursprünglich der hl.Oswald war, mit der Jahreszahl 1703 signiert. Die letzte Renovierung der Kirche in Berg war 1854. Damals hatte die Pfarrei Reischach dieses barocke Altarbild des hl.Oswalds erworben und es auf den Patron der Kirche in Berg auf den hl.Vitus umfunktioniert. Da es im weiten Umkreis keine Kirche mit dem Patron des hl.Oswald gibt, und die Jahreszahlen 1703 und 1854 mit der Kirche in Marktl übereinstimmen, so kann mit Sicherheit angenommen werden, dass dieses Altarbild aus der ehemaligen Barockkirche von Marktl stammt.." So schrieb der ehemalige Heimatpfleger von Marktl, Josef Seidl-Ainöder.[2] Aber auch 1899 stellt der Stadtpfarrprediger Joachim Pölzl aus Traunstein in seiner Vorrede zur Abhandlung über den Hl.Oswald fest: „Zweck dieser Abhandlung ist, die Leser des Programms bekannt zu machen mit dem hl.Oswald, von dem man gewöhnlich so viel wie nichts weiß."[3] Pfarrer Josef Friesenecker aus St.Oswald/Freistadt, OÖ, schreibt in seiner Festschrift zur 1400-Jahrfeier des Heiligen Oswald, dass „das Wissen und damit auch die Verehrung im 20. Jahrhundert sehr geschwunden ist ..."[4] Bei meiner Wallfahrt (2011) in den Spuren von St.Oswald musste ich auch feststellen, dass selbst in Schottland und England viele nichts mehr von diesem heiligen König wissen. Sie waren erstaunt, dass ich alter Mann aus Bayern St.Oswalds Spuren aufsuche und

---

[2] Josef Seidl-Ainöder, Das Altarbild des hl.Oswald in der ehem. Pfarrkirche Marktl. In: Marktler Geschichtsblätter – Mitteilungsblatt des Heimatbundes Marktl e.V. 17.Jg. IV.Quartal, 1992
[3] Joachim Pölzl, Der heilige König und Märtyrer, Stadtpatron von Traunstein, in der Geschichte, Sage und Verehrung,Traunstein 1899
[4] Josef Friesenecker, Heiliger Oswald – unser Vorbild, unser Anwalt, St.Oswald/Freistadt, OÖ, 2004

interessierten sich sehr über ihren König aus den „dark ages" (finsteren Zeitaltern), der „Licht" in diese finstere Zeit brachte.

Das finstere Zeitalter (The Dark Age)

Der Ausdruck „Das finstere Zeitalter" kann in zweierlei Hinsicht gedeutet werden: Es kann damit gemeint sein, dass diese Zeit weit weg im Dunkel der Vergangenheit liegt, von der wir wenig bis gar nichts wissen. Zum anderen kann es auch so gedeutet werden: Es war eine ungute Zeit, es ging drunter und drüber und die Menschen litten unter Plünderungen, Hungersnot und anderen schlimmen Heimsuchungen. Für das Gebiet des heutigen Englands zur damaligen Zeit gilt wohl beides. Wie allgemein bekannt, landeten und eroberten die alten Römer um 55 nach Christi Geburt auch weite Gebiete des heutigen Groß-Britanniens. Die ersten schriftlichen Aufzeichnungen sind die Berichte von Cäsar, und das wohl bekannteste noch heute streckenweise sichtbare Bauwerk der Römer ist der Hadrians Wall; Kaiser Hadrian ließ dieses Bauwerk errichten, um das römische Reich von den Einfällen vom Norden zu schützen. Zum Anfang des 4. Jahrhunderts konnten die Römer das Reich im Norden nicht mehr halten und sie begannen sich zurück zu ziehen. Es entstand ein Machtvakuum und es begannen Einwanderungen verschiedenster Stämme, besonders von Norden und Süden. Die neuen Siedlungsgebiete waren zunächst nach Stammes- und Gruppenstruktur organisiert. Gegen Ende des 6. Jahrhunderts entwickelten sich um die sieben Kleinkönigreiche mit so genannten Königsherrschaften, die ständig miteinander oder gegeneinander stritten. Zu nennen sind vor allem die Kleinkönigreiche Bernicia und Deira, die sich zeitweise zu Northumbria vereinigten, Mercia, Sussex, Wessex und

Essex und Kent. In Bernicia und Deira lebten die Ostangeln, in Mercia die Angeln, in Sussex, Wessex und Essex die Sachsen und in Kent die Jüten. Für diese Arbeit „Oswald von Northumbria" spielt vor allem Northumbria mit Bernicia und Deira eine wichtige Rolle.[5] Eine Kartenskizze zur besseren Übersicht wird weiter hinten noch eingefügt.

Über die Ausbreitung des Christentums in England muss angemerkt werden, dass einzelne römische Soldaten und Kaufleute bereits das Christentum ins Land brachten und dass es vor allem Papst Gregor dem Großen ein großes Anliegen war, das Christentum unter den „Angeln" zu verbreiten. Allgemein bekannt ist die Geschichte: Als Papst Gregor der Große in Rom einen englischen Sklaven traf, soll er gesagt haben, er wolle Missionare aussenden und aus den Angeln „Engel" (Angles) machen. Das war ein Jahr bevor der bekannte irische Missionar Columba starb, also 596. Columba gründete auf der westschottischen Insel Iona ein Kloster und begann von dort aus mit der Missionierung.[6]

---

[5] Geschichte Englands, aus Wikipedia
[6] Dies hat auch J.A.Brooks in seinen Iona-Führer „Welcome to Iona" schön beschrieben. Jorrold Publishing, 1987, S.14ff

Oswald-Vita in Kurzform

604 wurde Oswald (wahrscheinlich am königlichen Hof seines Vaters in **Bamburgh**) geboren. König **Aethelfrith** war sein Vater, Königin **Acha** seine Mutter. Oswald hatte noch sechs Brüder und eine Schwester.

616 wurde sein Vater in einer Schlacht getötet. Oswald musste zusammen mit seiner Mutter und seinen Geschwistern vor dem neuen König **Edwin** ins Exil gehen. Sie fanden Aufnahme im nördlichen Königreich **Dalriada**. Auf **Iona** wurden er und mehrere seiner Brüder (wahrscheinlich auch seine Schwester) in dem von **Columba 563** gegründeten Kloster christlich erzogen und getauft.

633/634 kam König **Edwin** in einer Schlacht ums Leben und Oswald kehrte aus dem Exil zurück.

634/635 besiegte Oswald mit dem kleinen Heer in **Haevenfield bei Hexham** den übermächtigen heidnischen Feind **Cadwallon** und eroberte das einstige Reich seines Vaters zurück. Er wurde nun selber König und vergrößerte sein Reich. Oswald holte von Iona den Mönch **Aidan**, damit er in seinem Reich das Christentum verkünde. Aidan gründete auf **Lindisfarne** ein Missionskloster.

642 am 5. August wurde Oswald vom Heidenkönig **Penda** in **Maserfield bei Oswestry** im Kampf getötet. Bald nach seinem Tod wurde er vom Volk als Heiliger verehrt.

Oswalds Kindheit

Oswald wurde 604 geboren. Sein Vater war der bekannte König Aethelfrith, der die Kleinreiche Bernicia und Deira zum Königreich Northumbria vereinigt hatte. Oswalds Vater war in erster Ehe mit Beba verheiratet; sie gebar ihm den Sohn Eanfrith. In zweiter Ehe heiratete Oswalds Vater Acha, die Schwester von König Edwin; sie gebar ihm die Söhne Oswald, Oswiu, Osguid, Oslac, Oslaph, Offa und die Tochter Aebbe.[7] Oswald wuchs also zusammen mit dem älteren Stiefbruder und weiteren fünf Brüdern und einer Schwester auf. Ihr Zuhause war wahrschleinlich der Königshof zu Bamburgh. In der bisher bekannten Literatur tauchen später namentlich nur noch seine Brüder Eanfrith, Oswiu und seine Schwester Aebbe auf. Um die Erziehung von Oswald und den anderen „Königskindern" sorgte sich hauptsächlich die Mutter, da der Vater ständig in alle möglichen Himmelsrichtungen unterwegs war, um das Reich zu sichern, zu verteidigen und zu erweitern. Im Jahre 616 kam über die Königsfamilie ein großes Unglück: Das Königreich Northumbria wurde von Edwin mit Hilfe von König Readwald von East Anglia angegriffen; es kam zur Schlacht am Fluss Idle. Oswalds Vater Aethelfrith mit seinem Heer wurde besiegt und Aethelfrith kam ums Leben. Wie weiter oben schon festgehalten, war Edwin ein Bruder zu Oswalds Mutter Acha. Wie kann es

---

[7] Lit.Verzeichnis Nr.06, S.408

geschehen, dass ein so naher Verwandter gegen Aethelfrith kämpfte? Aethelfrith hatte bereits vorher das Kleinkönigreich Deira, regiert von Edwin, erobert und es mit Bernicia vereinigt. Edwin wurde von Aethelfrith in den Süden ins Exil geschickt. Nun war Aethelfrith tot, und Edwin schickte jetzt die Söhne von Aethelfrith ins Exil, da sie ihm als Thronrivalen nicht im Wege stehen sollten. Damit fand die Kindheit von Oswald und seinen Geschwistern ein jähes Ende. Oswald war damals 12 Jahre alt. Oswalds Mutter fand mit ihren Kindern ein Exil bei König Eochaid Bude (608-629) im irisch-schottischen Reich Dalriada. Die Insel Iona gehörte zu diesem Reich. Auf der Insel Iona hatte der irische Prinz Columba als Mönch 563 ein Kloster gegründet, das zu Oswalds Lebenszeit in voller Blüte stand. In diesem Kloster lernte Oswald den christlichen Glauben kennen und er ließ sich taufen. Bei Wikipedia wird vermutet, dass Oswalds Halbbruder Eanfrith mit einigen anderen Geschwistern zu den Pikten zog.[8]

Oswalds Jugendzeit
Das Königreich Dalriada (auch: Dal Riada) umfasste große Teile vom heutigen Schottland und Teile vom heutigen Nordirland. Oswald lebte im Königreich Dal Riada von ca. 616 bis 633, also so an die 17 Jahre – von etwa seinem 12. bis zu seinem 29. Lebensalter. In welchem Jahr er getauft wurde, wissen wir nicht. Die Aufzeichnungen von Beda's ECCLESIASTICA

---

[8] Wikipedia, Oswald (Northumbria) in deutsch u. englisch; Lit.Nr.06, S.122; Nr.26 und 27

GENTIS ANGLORUM, Nennius's HISTORIA BRITTONUM, die ANGLO-SACHSON CHRONICLE u.a. wurden von Adams Max und Michelle Ziegler in einer kritischen Zusammenschau wirklich gut durchgearbeitet, und daraus ergaben sich neue Erkenntnisse auch über das Leben von Oswald von Northumbria.[9] Es gilt als sicher, dass Oswald, mehrere seiner Brüder – namentlich sein Bruder Oswiu –, seine Schwester Aebbe und mehrere von den Begleitern der königlichen Familie auf Iona den christlichen Glauben annahmen. Da Iona und der Heilige Columba eine wichtige Rolle im Leben von Oswald spielten, möchte ich hier einen Teil des Inselführers von Brooks J.A. mit dem Titel „Welcome to Iona"[10] einfügen.

St. Columba und Iona

Schon vor seinem sich selber auferlegtem Exil auf Iona war Columba ein ziemlich berühmter Mann. Er stammte aus irisch-königlichem Geblüt und er hätte gut und gern König von Irland werden können, wenn er sich nicht der Kirche versprochen hätte. Seine Geburt wurde von St.Patrick und von Maucta, einem Schüler Patricks, voraus gesagt. In der Nacht vor seiner Geburt erschien seiner Mutter im Traum ein Engel und erzählte ihr: „Das Kind wird einst zu einem der Propheten Gottes zählen, der unzählbare Seelen in das himmlische Vaterland führen wird."

So viel wir wissen, wurde Columba am 7. Dezember 521 bei Lough Gartan in Donegal geboren.

---

[9] Siehe Literatur-Verzeichnis Nr. 06, 26 u. 27
[10] J.A. Brooks, Welcome to Iona, Jarrold Publishing. 1987, S.14ff. (in meiner Übersetzung ins Deutsche)

Zu dieser Zeit war Irland bereits bekannt für seinen Wissensdurst und Lerneifer, und Columba genoss für die damalige Zeit die bestmögliche Erziehung: Er besuchte eine Klosterschule bei Moville auf Strangford Lough, wo er unter der Obhut von einem erfolgreichen Lehrer und Kirchenmann stand. So wurde er schon in frühen Jahren als Priester auserwählt, und schließlich ging er nach Clonard, um bei dem berühmten St.Finnian zu studieren, bei dem die intelligentesten Leute aus ganz Europa studierten. In dieser kleinen Stadt verbrachte Columba seine Zeit mit dem Lesen und Abschreiben der seltenen Schriften der Klostergemeinschaft.

Obwohl diese Zeit anderswo in Britannien das „Dunkle Zeitalter" gewesen sein mag, war Irland „leuchtend von Heiligen, die so zahlreich waren wie die Sterne am Himmel". In Clonard waren neben St.Finnian noch elf andere hervorragende junge Studenten des Evangeliums: diese „Zwölf Apostel von Irland" wurden alle heiliggesprochen, und später setzte Columba die Tradition fort, indem er sich elf Schüler auswählte, die ihn begleiteten, als er die Klostergemeinschaft von Iona gründete.

Columba verbrachte sein frühes Mannesalter von 25 bis 40 mit Reisen durch Irland, wobei er lehrte, Klöster gründete und Kirchen baute. Man sagt, er habe allein in Irland 37 Klöster gegründet, eingeschlossen das von Kells, wo die Mönche die unvergleichlich schöne Bibel schrieben, die heute in der Bücherei des Trinitas College von Dublin aufbewahrt wird; [11] die Iona-Gemeinschaft war nach dem Tode von Columba wegen der Wikingerüberfälle gezwungen worden nach Kells zu fliehen.

---

[11] Einige Autoren meinen, dass diese Bibel noch auf Iona geschrieben wurde

Als Columba in der Mitte des 6.Jahrhunderts fleißig dabei war, seine irischen Klöster zu gründen, war das Leben in Irland nicht gerade friedvoll. Da kämpfte eine Unzahl von Häuptlingen ständig gegeneinander; sie erleichterten ihr Gewissen, indem sie einen Teil ihrer Raubgüter den Klöstern gaben. Auch Columba wurde in eine dieser Fehden verwickelt, als ein Prinz dieser Gegend die Heiligkeit seiner Kirche schändete, indem er dort einen adeligen Flüchtling verfolgte, gefangen nahm und töten ließ. Columba suchte Hilfe bei seiner mächtigen Familie und führte seinen Klan in die Schlacht – wie man sagte, persönlich angeleitet durch den Erzengel Michael. Mit seiner Hilfe erreichten sie einen großen Triumph, verloren nur einen einzigen Mann (und das auch nur, weil er ein heiliges Tabu gebrochen hatte) und sie erschlugen 3000 Feinde, die Heiden waren. Natürlich wurde der Sieg der heiligen Macht des Christentums zugeschrieben; jedoch brachte dieser Erfolg dem Columba auch Ärger, weil viele Ältere der irischen Kirche neidisch waren, und sie exkommunizierten Columba in seiner Abwesenheit wegen des unnötigen Todes von 3000 Mann. Später wurde das Urteil aufgehoben, aber Columba wurde trotzdem angewiesen, das Land zu verlassen; er sollte so viele Seelen für das Christentum gewinnen wie in der Schlacht das Leben verloren hatten.

Obwohl sich Columba in der Synode ungerecht behandelt fühlte, hatte er doch Gewissensbisse wegen des Gemetzels, das er verursacht hatte; er verbrachte längere Zeit, indem er in Irland von einem heiligmäßigen Mann zum anderen reiste, um sich Rat zu suchen, was er tun sollte. Vor der Schlacht hatte nämlich der Erzengel Michael zu ihm im Traum gesprochen, indem er ihm auf sein Gebet um den Sieg den Erfolg garantierte unter der Bedingung, dass er später Gottes Gnade wieder gewinnen würde, wenn er sich freiwillig von seinem geliebten Irland ins Exil begeben würde und auf die geistliche Unterstützung durch seine heiligmäßigen Kameraden verzichten würde. So gab es für Columba nur den einen Weg: Er musste eine Pilgerfahrt zu einem Platz unternehmen, von dem aus man Irland nicht mehr sehen konnte. Er wählte sich also zwölf Gefolgsleute aus (hauptsächlich aus seiner eigenen Familie), setzte die Segel und verließ sein Heimatland im Frühsommer 563, nordwärts zu einer Insel im Westen Schottlands.

Das Boot aus überzogenem Weidengeflecht, in welchem die Zwölf segelten, war ein einfaches Boot, mit dünnen Spanten aus biegsamen Ästen, mit Lederhäuten überspannt und zusammengeschnürt an der Spitze des Rahmens.....eine sehr simple Konstruktion.....Wir können uns nur wundern über den Mut und die gute Kondition der Männer, welche lange Seereisen in so einfachen Schiffen unternahmen (St.Brendan soll sogar Amerika damit erreicht haben). Auf dem Weg nach Norden schaute Columba bei der irischen Kolonie von Kintyre vorbei; der Chef dieser Kolonie war ein Verwandter, der Enkel des Gründers von dieser christlichen Siedlung, Fergus Mor, der Irland wegen Argyll etwa 70 Jahre vorher verlassen hatte. Sie rasteten hier nur für ein paar Tage; dann fuhren sie eilig nach Oronsay, einer kleinen Insel, die durch einen Gezeitendamm von dem größeren Colonsay abgetrennt ist. Jedoch vom höchsten Punkt dieser Insel konnte man noch Irland sehen, so machte Columba mit seinen zwölf Begleitern das Boot wieder startklar, und sie setzten ihre Reise fort. Schließlich landeten sie in einer kleinen Bucht an der Südküste von Iona; diese Bucht wurde später bekannt als Port a'Churaich oder Port of Coracle (Hafen für ein mit Weidengeflecht überzogenes Boot).

Ihre erste Besichtigung der Insel konnte kaum einladend gewesen sein, denn diese Seite von Iona zeigte sich unwirtlich mit der Blickrichtung zum Meer; die kleine Bucht, wo sie gelandet waren, wurde umrahmt von steilen Felsklippen und einem Haufen Inselchen in Küstennähe. Wenn auch der eine Teil der Landschaft von der Bucht her ansteigend war, so war die Landschaft, die sie erblicken konnten, genauso wenig einladend. Das südliche Ende der Insel ist unfruchtbar, ein felsiges Ödland, das Besucher, die sich von der überversorgten modernen Welt abwenden wollen, einen Anreiz geben konnte; aber für die Gruppe von Männern, die eine sich selbst versorgende Gemeinschaft mit einem Leben des Geistes gründen wollten, war sie wenig begeisternd. Columba stieg schnell auf einen kleinen Hügel, der nach Südwesten schaute. Als er am Horizont nach den Umrissen der irischen Küste suchte, konnte er sie nicht mehr sehen. Seither wird dieser Hügel „Carn-Cul-ri-Eirinn" genannt; was „Der Hügel mit seinem Rücken gen Irland" bedeutet.

Trotz der entmutigenden Szene vor ihnen, beschlossen Columba und seine Begleiter, die Insel weiter zu erkunden und sie machten sich nach Norden auf. Bald gaben die Felsen und das Heidekraut den Weg frei zu dem Gras auf sehr fruchtbaren Boden, „machair".[12] Das bedeutet das einzigartige Weideland, besonders auf den Hebriden und in Teilen der Westküste Schottlands, wo der Muschelkalksand dem flachen Boden den begehrten Kalk liefert.

Als sie weiter nach Osten vordrangen, fanden sie noch besseres Land; denn hier ist das fruchtbare „Machair" etwas geschützt von der Stärke der Weststürme. Doch die

---

[12] Gälisches Wort: meint Erde aus Muschelkalk und Torf

nordöstliche Sektion hat, von Hügeln geschützt, noch besseres Weideland, wovon der höchste „Berg", namens **Dun I**, mit seinen 332 feet (ca.110 m) der höchste Berg von ganz Iona überhaupt ist.

Ob es auf der Insel Iona irgendjemand gab, der Columba und seine Begleiter begrüßte, lässt sich nur vermuten. Es gibt einen lieblichen Mix von Volkserzählungen und wenig glaubwürdige einsehbare Dokumente von diesem Ort. Eine Legende erzählt, dass schon eine menschliche Gemeinschaft vor Ort war, als Columba landete; aber er hielt den Anführer der Gemeinschaft für einen falschen Kerl, der einerseits sagte, sie sollten abhauen, sich aber andererseits vor der Autorität von Columba verbeugte. Mehrere Schriftsteller erzählen, dass Iona den Druiden als heiliger Ort galt und dass Iona Begräbnisstätte ihrer Könige war. Ein Autor aus dem 20. Jh. - Neil M.Gunn, „Fort in einem Boot" (Off in a Boat) – erwähnt 360 steinerne, vorchristliche Skulpturen auf der Insel Iona, vergleichbar mit **Callanish auf Lewis**[13], bezeichnet als das schottische **Stonehenge**. Er erzählt auch von drei weißen Marmorsteinen, die sich in Gruben auf großen Platten befanden, die jeder Inselbesucher dreimal, der Sonne zugewandt, umrunden sollte – gemäß einem heiligen Druidenritual.

Dann waren da noch die *Schwarzen Steine von Iona*, an denen die frühesten Könige von Iona ihre Eide schworen: Sollte einer einen Meineid schwören, dann würde er ganz schwarz von dannen gehen müssen. Die letzten dieser Steine verschwanden vor etwa hundert Jahren, und eine Legende sagt, dass der **Krönungsstein in der Westminster Abbey** einer von diesen Steinen sei.

---

[13] Größte heute bekannte Steinformationen der **Megalithkultur** auf den britischen Inseln ...auf der **Isle of Lewis** auf den Äußeren Hebriden (siehe Wikipedia)

Columba und seine Begleiter bauten ihre erste Kirche direkt nördlich der jetzigen Abtei. Die einzigen Spuren, welche von ihrer einstigen Siedlung übrig blieben, sind einige rohe Steinfundamente auf dem kleinen Hügel gegenüber dem West-Tor der Abtei. Unter diesen befinden sich vielleicht Überreste von Columbas Zelle, wo er einst auf einem blanken Felsen schlief. Die äußere Form einer solchen Zelle dürfte ein Bienenkorb-ähnliches Gebäude gewesen sein, bedeckt mit einem Binsendach. Die anderen Gebäude der ersten Abtei folgten demselben Muster, obwohl die Kirche selber rechteckig gewesen sein dürfte.

Columbas Heiligkeit und sein Führungsgeschick zogen bald mehr Männer an, die ihm nachfolgen wollten, und so wuchs die Kirche. Mehr Gebäude wurden an das Kloster angebaut, und mehr Felder wurden bestellt, um die wachsende Gemeinschaft zu versorgen. Iona wurde eine Oase der christlichen Kultur inmitten einer kleinen heidnischen Welt. Bald war Columba in der Lage, seine Mönche zu heidnischen Stämmen zu senden, um sie zum Christentum zu bekehren. Später unternahm auch der heiligmäßige Abt Reisen, um sich fortzubilden und den Glauben zu verbreiten. Oft zog er umher und wirkte Wunder: Einst rettete er einen seiner Mönche sogar vor der Wut des **Loch Ness Monsters**. Die Legende berichtet, als Columba den Fluss Ness überqueren wollte, da begegnete er Männern, die dabei waren, einen von ihnen zu beerdigen, den gerade das Ungeheuer getötet hatte. Die Fähre war auf der anderen Seite des Flusses, und einer von den Mönchen begann, furchtlos über den Fluss zu schwimmen, um die Fähre herüber zu bringen, zu dem Ufer, wo der Abt und die anderen warteten. Als das Ungeheuer diese leichte Beute sah, schoss es mit furchtbarem Gebrüll und mit weit geöffnetem Maul auf den armen Mönch zu. Als das Ungeheuer gerade dabei war, mit einem Schnapper den Mann zu verschlingen, da erhob Columba seine Hand, machte das Kreuzzeichen und befahl dem Monster, den Mönch in Ruhe zu lassen. Da wendete es sich ab und schwamm davon. Die Heiden am Ufer waren aber sehr beeindruckt von der Kraft von Columbas Gott.

Durch geschicktes und diplomatisches politisches Verhalten dehnte Columba den Einfluss der Kirche aus; dabei schickte ihm Gott Träume, die ihm sein Handeln rechtfertigten und ihn bei seinen Unternehmungen führten. Das geschah durch die Bekehrung von heidnischen Königen und durch die Unterstützung von christlichen Thronanwärtern gegen ihre heidnischen Scheinerben. Columbas Einfluss breitete sich über ganz Schottland aus. Es wird von ihm gesagt, dass er mehr als hundert Kirchen bauen ließ (wie eine Welle nach der anderen), und sein Freund St.Cainnech, nach welchem die Insel in der Nähe von Mull benannt ist, gründete Kirchen weit weg an der Küste von Fife.

Mit einiger Überraschung erinnern wir uns: Nur ein Jahr vor dem Tod von Columba (also 596) sah **Papst Gregor der Große** in Rom englische Sklaven; und daraufhin schickte er **Augustin**[14] auf Missionsreise ins Land der „Engel" (Angles). Dazu passt, dass Columba als einer der größten Heiligen verehrt wurde, und Iona Besucher aus ganz Europa anzog, die sich wünschten, ihm Ehrerbietung zu überbringen.

Der Tod von Columba vor dem Altar der Iona-Abtei, am 9. Juni 597, markierte den Höhepunkt der Klostergemeinschaft von Iona. Jedoch ihr Einfluss setzte sich noch über eine lange Zeit fort. Columbas Missionare

---

[14] Paulinus ist ein anderer von Rom gesandter Missionar

reisten zu entfernten Gemeinschaften und predigten ihnen das Christentum; sie kamen sogar bis in den Süden Englands, und einige Autoren sagen, dass sie bis Italien und in die Alpen kamen.

Die keltische Columba-Gemeinschaft spaltete sich teilweise von der römischen Kirche ab, z.b. im Datum für das Osterfest. Diese Selbstständigkeit dauerte einige Jahrhunderte fort, so groß war ihr Einfluss. Der bekannteste Außenposten für die Columba-Gemeinschaft wurde auf **Lindisfarne – Holy Island**[15] eingerichtet, nahe an der Küste von Northumberland, wo sie quasi ein zweites Iona errichteten. Die Mönche teilten die Begeisterung ihres Gründers für die Kalligraphie (Schönschrift mit bunten Verzierungen und Bildern). Columba hatte noch auf seinem Sterbebett eine Abschrift des 33. Psalms[16] in Bearbeitung. Die Mönche auf Lindisfarne schufen ein so bekanntes Meisterstück wie die **Lindisfarne-Bibel**, die sich heute im Britischen Museum befindet.

Ein Jahrhundert nach Columbas Tod glaubte man, dass ein Schrein aus Gold und Silber gemacht werden solle, in welchem die sterblichen Überreste Columbas aufbewahrt werden könnten. Dieser wurde dann zu einem würdigen Ruheplatz für die Reliquien, der viele Pilger nach Iona zog, um den Schrein zu sehen und davor zu beten. Die Pilger brachten jetzt mehr Wohlstand zur Abtei; dies zog aber die Aufmerksamkeit von skandinavischen Piraten an, die zu einer Geisel des westlichen Meeres wurden. Der erste Wikingerüberfall war 794, dabei wurde viel von den Klostergebäuden zerstört. Sieben Jahre später wurde die Abtei von den „Nordmännern" (Normannen) geplündert,

---

[15] König Oswald holte den Mönch Aidan von Iona !

[16] „...Die aber den Herrn suchen, werden alles Gute in Fülle haben ..." (Zählung nach Vulgata Ps 33,11) – nach hebräischer Zählung Ps 34,11)

und 806 wiederholte sich dies mit noch mehr Grausamkeit: Es wurden 68 Mönche getötet in der Bucht nahe bei der heutigen Schiffsanlegestelle, heute bekannt unter dem Namen „Märtyrers Bay". Nach diesem Unglück wurde der Schrein von Columba nach **Kells** in Irland gebracht. Trotzdem blieb eine Handvoll von Mönchen auf Iona, um auf die anderen heiligen Reliquien acht zu geben. Vielleicht in nicht gerade geschickter Weise brachte der nächste Abt Columbas Schrein wieder von Irland nach Iona zurück. 825 landeten die Normannen wieder auf der Insel, und als sich der Abt weigerte, ihnen den Aufenthaltsort des Schreins und des Schatztresors preiszugeben, da töteten sie ihn und die glaubensstarken Mönche dazu. Die zwei steinernen Särge im Kirchenschiff der Kathedrale sollen einst jene von dem Abt Blaithmac und von Columba gewesen sein, so sagt man.

Später folgte eine lange friedliche Periode, bis dann die Wikinger an der Dublin Bay die Insel plünderten und den Abt und 15 Mönche umbrachten; dies geschah am hellen Strand an der Nordspitze von Iona, später bekannt mit dem Namen „White Strand of the Monks" (Weißer Strand der Mönche). Dies war das Ende der Wikinger-Invasionen. Das nächste wichtige Ereignis war der Besuch von **König Malcolm Canmore und der englischen Königin Margaret**[17]. Ihre überzeugenden Argumente veranlassten viele Anhänger der keltischen Kirche, sich der römischen Kirche zuzuwenden. Königin Margaret ließ die Abtei restaurieren und auch „die kleine Kirche von Columcille" (St.Orans Chapel) erbauen. Eine handvoll der Columba-Mönchsgemeinschaft blieb bis 1203; die Abtei wurde zu dieser Zeit wieder erneut um- und aufgebaut. Es war die

---

[17] Hier ist wohl Malcolm III.von Schottland (* um 1030 +1093 bei Almwick) mit seiner zweiten Frau Margareta, der bis heute einzigen Heiligen aus einer schottischen Königsfamilie, gemeint. (siehe wikipedia)

Zeit von **Reginald Mac Donald, dem Lord von Isles,** und die Abtei wurde nun ein **Benediktiner-Kloster.** Ein Großteil des Charmes von Iona liegt bestimmt im Reichtum der Erinnerung an die frühe christliche Kirche von Britannien. Die großartige Schönheit der Landschaft mag das geistige Leben unterstützt haben, sowohl von denen, die noch zusammen mit Columba gelebt haben, als auch von jenen, die erst nach seinem Tod hergekommen sind. Adaman[18], der heilige Biograph, betont häufig seine Begeisterung darüber, dass Columba sich an der Naturschönheit von Iona erbaute. Mit der Wiederentstehung einer religiösen Gemeinschaft auf der Insel erfüllte sich vielleicht Columbas bekannte Prophezeiung:

> „Iona, mein Herz,
> Iona, meine Liebe.
> Anstelle der Stimmen der Mönche,
> wird man das Muhen der Rinder hören.
> Aber wenn auch die Welt zu Grunde geht,
> Iona wird bleiben wie es war."

Heute bietet diese Insel die seltene Gelegenheit, aus nahezu allen unerwünschten Gefährdungen unseres Jahrhunderts zu entfliehen. Für viele Leute ist Iona die ferne, traumvolle Insel – seien sie religiös oder nicht – es ist für sie alle ein Ort, wo die Seele Frieden finden kann. Am besten geben dies die Worte des Komponisten Mendelsohn wieder, der nach seinem Besuch von Iona 1829 niederschrieb: „…wenn ich in Zukunft unter einem verrückten Haufen eines Ensembles sitze, mit Musik und Tanz um mich herum, und ich mir wünsche aufzustehen,

---

[18] Adaman (*628 +704) ist der neunte Abt der Columba-Gemeinschaft auf Iona

um in die einsamste Einsamkeit zu entfliehen, dann werde ich an Iona denken ..."

„Diesem Ort, so klein und armselig er auch sein mag, werden nicht nur die Könige Irlands mit ihren Menschen, sondern auch die Herrscher fremder und ferner Völker mit ihren Untertanen außerordentliche Ehre erweisen. Auch die Heiligen, sogar die der anderen Kirchen, werden ihm besondere Verehrung darbringen." [19]

Es ist aber auch mit großer Wahrscheinlichkeit anzunehmen, dass Oswald und seine Brüder während des Exils nicht ständig im Kloster auf Iona lebten; sie nahmen sicherlich auch an militärischen Übungen und an Unternehmungen des jeweiligen Königs von Dalriada teil. So schreibt z.B. Adams Max, dass Oswald, als er alt genug wurde, mit dem Spitznamen „Whiteblade" (blanke Klinge) oder ein andermal mit „Starke Hand" ausgezeichnet wurde. [20] Oswald habe auch seine erste Frau im Exil kennen gelernt; sie war irischer Abstammung und sie gebar ihm einen Sohn namens Aethelwald. [21] Im Königreich Northumbria, welches von Edwin regiert wurde, kam es um 632 zu einschneidenden Veränderungen: Edwin wurde in der Schlacht von Hethfelth in Mercia getötet; seine Gegner Cadwallon von Gwynedd und Penda von Mercia gingen siegreich aus dieser Schlacht hervor. Das Königreich Northumbria wurde

---

[19] Mit diesen Worten segnete Columba vor seinem Hinscheiden zum letzten Mal die Insel. Nach Adaman, VITA ST COLUMBAE, in der Übersetzung von Th. Klüppel. Lit.19

[20] Lit.Nr.06, S.74/75

[21] Lit.Nr.06, S.408

wieder geteilt in die Kleinreiche Bernicia und Deira. Im südlichen Daira wurde Osric, ein Verwandter von Edwin, Kleinkönig, im nördlichen Bernicia Eanfrith, der aus dem Exil zurückgekehrte Halbbruder von Oswald. Beide Kleinkönige fielen mit ihren Gefolgsleuten wieder ins Heidentum zurück; insgesamt herrschte im Lande ein Durcheinander. Osric wurde 634 in einer Schlacht von Cadwallon getötet. Cadwallon zog plündernd durch das Land. Eanfrith wollte mit Cadwallon Friedensverhandlungen führen; Cadwallon ließ ihn jedoch hinterhältig ermorden. Nun war die Stunde für Oswald gekommen: Er war nun an die erste Stelle der Thronanwärter von Bernicia oder gar von gesamt Northumbria gerückt, da sein älterer Bruder Eanfrith nicht mehr unter den Lebenden weilte. Damit endete aber auch die Jugendzeit von Oswald.

Oswald wird König

Als Thronanwärter zog Oswald nun mit einem *„kleinen, aber mit dem Glauben an Christus bewaffneten Heer"* [22] von Norden herunter, um zunächst das ihm zustehende Königreich Bernicia zu übernehmen. Da stellten sich aber Cadwallon und Penda mit einem großen Heer dagegen; die beiden Könige aus dem Süden hatten sich vereinigt. In der Nähe von Hexham, direkt beim römischen Hadrianswall, standen die Heere zum Kampf bereit. In der Nacht vor dem Kampf hatte Oswald einen

---

[22] Beda III,1 in der Übersetzung von Günter Spitzbart; siehe Lit.Nr.23

Traum, in dem ihm St.Columba erschien und ihm einen guten Ausgang der Schlacht prophezeite. Adaman, der neunte Abt von Iona, berichtet in seiner VITA S. COLUMBAE ausführlich darüber. Da dies – nach meiner Kenntnis – die älteste Quelle über Oswald ist, finde ich es wert, diese hier anzufügen. Ich zitiere sie nach Theodor Klüppel in seiner deutschen Übersetzung.[23] Adaman berichtet zunächst von Wundern und Weissagungen, die St.Columba im Namen Gottes wirkte. Bezogen auf Oswald ist folgender Abschnitt interessant: *„Von dieser besonderen Ehrenbezeugung, die der Allmächtige vom Himmel dem verehrungswürdigen Mann <Columba> zuteilwerden ließ, wollen wir ebenfalls ein Beispiel anfügen, das sich bei Oswald dem Sachsenkönig[24] am Tag vor dem Kampf gegen Catlon <Cadwallon>, ereignet hatte. Denn eines Tages, als König Oswald gerüstet für den Kampf in seinem Zelt auf dem Polster lag und schlief, sah er in einer Vision den hl.Columba engelhaft strahlend, seine Gestalt war so groß, dass er mit dem Kopf die Wolken zu berühren schien. Der heilige Mann eröffnete dem König seinen Namen, er stand mitten im Lager und bedeckte es mit seinem glänzenden Gewand fast ganz bis auf ein kleines Stück. Und er teilte ihm jene Worte der Stärkung mit, die der Herr zu Josua Ben Nun vor dem Überschreiten des Jordan nach dem Tode des Moses gesprochen hatte, er sagte: „Sei stark und handle mannhaft. Siehe, ich werde mit dir sein", und so fort. Das also sagte der hl. Columba zum König in der Vision und er*

---

[23] Adaman, Das Leben des hl.Columba. eingeleitet, übersetzt und mit Anmerkungen versehen von Theodor Klüppel. Hiesemann, Stuttgart, 2010 Lit.Nr.15
[24] Der englische Autor Richard Sharpe übersetzt es mit „English King"

fügte hinzu: „Brich in der kommenden Nacht vom Lager zum Kampf auf. Denn der Herr hat mir gewährt, dass sich zu dieser Zeit die Feinde zur Flucht wenden und dein Gegner Catlon <Cadwallon> in deine Hände fällt. Nach dem Kampf wirst du als Sieger zurückkehren und glücklich regieren." Nach diesen Worten wachte der König auf, versammelte seinen Rat und teilte ihm die Vision mit. Alle wurden dadurch ermutigt, und das ganze Volk versprach, nach der Rückkehr aus der Schlacht den Glauben anzunehmen und sich taufen zu lassen. Denn bis zu dieser Zeit war das ganze Sachsenland[25] von der Dunkelheit des Heidentums und der Unkenntnis des Glaubens überschattet, ausgenommen König Oswald selbst und zwölf Männer, die mit ihm zusammen während ihres Exils <auf Iona> bei den Iren getauft worden waren. Was bleibt da noch zu sagen? In der folgenden Nacht rückte König Oswald, ganz wie er in der Vision unterwiesen worden war, zum Kampf aus mit nur einem kleinen Heer gegen viele tausend Soldaten. Und es wurde ihm vom Herrn, wie versprochen, ein glücklicher und leichter Sieg geschenkt. König Catlon <Cadwallon>[26] war tot, Oswald kehrte nach der Schlacht als Sieger heim und wurde später als Herrscher über ganz Britannien nach dem Willen Gottes eingesetzt.

Die Geschichte wurde mir, Adaman, zuverlässig erzählt von meinem Vorgänger, unserem Abt Failbe. Er bezeugt, die Vision aus dem Munde König Oswalds selbst gehört zu haben, als dieser sie dem Abt Segene[27] berichtete..."

Oswald befolgte die Anweisung von St.Columba, ließ vor dem Kampf ein hölzernes Kreuz aufstellen, betete zusammen mit seinen Kämpfern um einen guten Ausgang

---

[25] Siehe oben die englische Übersetzung
[26] Die Worte in <...> wurden von mir eingesetzt
[27] Abt von Iona zur Zeit von Oswald

der Schlacht und ging, wie es St.Columba verprochen hatte, als Sieger vom Schlachtfeld. Das war 633 (634). Der Platz wird Heavenfield (Himmelsfeld) genannt. Heute steht auf dem Platz eine St.Oswald-Kirche und ein (neues) Holzkreuz. Oswald hatte das Reich seines Vaters wieder zurück erobert. Bernicia und Deira waren wieder zu Northumbria vereint. Oswald bat sogleich die Klostergemeinschaft von Iona, ihm einen Mönch zu schicken, der in seinem Reich den christlichen Glauben verkünden sollte. Der erste Mönch, den man schickte, war wenig erfolgreich. Er beschwerte sich, dass die Northumbrier zu stur und ungebildet seien und so alle Mühe vergebens wäre. Daraufhin wurde im Kloster eifrig darüber gesprochen und der Mönch Aidan meinte: *„Es scheint mir, Bruder, dass du zu den unwissenden Zuhörern zu hart gewesen bist und ihnen nicht gemäß der apostolischen Methode zuerst die Milch der sanfteren Lehre gereicht hast, bis sie, allmählich durch das Wort Gottes erzogen, zum Begreifen vollkommenerer und zum Tun erhabenerer Gebote Gottes imstande waren."* [28]

Da die zuhörenden Mönche und der Abt des Klosters dieser Meinung zustimmten, schickten sie Aidan als Missionsbischof nach Northumbria. Oswald übergab ihm die Insel Lindisfarne und unterstützte Aidan bei der Gründung eines Missionsklosters. Oswald war auch oft als Dolmetscher tätig, da Aidan die Sprache der Northumbrier noch nicht beherrschte. Wie uns Beda berichtet, wurden auf dem Gebiet des heutigen Großbritanniens vier Sprachen gesprochen, *„nämlich*

---

[28] Beda, III,5, in der Übersetzung von Günter Spitzbart, Lit.Nr.23

die der Briten, Picten, Iren und Engländer". [29] Beda erzählt uns auch, dass Oswald ein größeres Reich beherrschte als alle seine Vorgänger. Er gewann solche Macht durch geschickte Diplomatie, durch die Einheit des christlichen Glaubens und die militärisch erfolgreiche Verteidigung und Ausweitung seines Reichsgebietes. Da er inzwischen Witwer war, heiratete er um 635 die Tochter des Königs Cynegisl von Wessex; sie hieß Cyneburth und war Christin. Wessex war ein bedeutendes Königreich im Süden.[30] Oswald und Cynegisl hatten einen gemeinsamen Feind, vor dem sie ihr Reich schützen mussten: Es war Penda, der König von Mercia, der schon einmal in Northumbria eingefallen war (siehe weiter oben). So diente diese Heirat auch dem Erhalt und der Stärkung ihrer Königsmacht. König Cynegisl konvertierte auch zum Christentum, und Oswald war sein Taufpate. Oswald förderte durch Landschenkungen den Bau von mehreren Klöstern und kümmerte sich auch um den Bau von Kirchen. Schon Edwin hatte mit dem Kirchenbau von York begonnen; aber seine Niederlage hatte zur Folge, dass der Bau eingestellt wurde und Bischof Paulinus nach Süden fliehen musste. Oswald vollendete den Kirchenbau von York. Die Kirche von York war der erste Kirchenbau aus Stein in dieser Gegend. Vorher wurden Kirchen und auch andere wichtige Gebäude aus Holz gebaut. Der Archäologe Adams Max

---

[29] Beda, III,6
[30] Siehe auch bei Adams Max, S.239, Lit.Nr.06

beschreibt in dem Kapitel *„Wood and stone"* (Holz und Stein) in seinem bereits erwähnten Buch ausführlich von den Steinbauten der Römer und vom Übergang von der Holz- zur Steinbauweise in Northumbria. Beeindruckend ist da die Feststellung von der langen Haltbarkeit des Eichenbauholzes.

König Oswald von Northumbria als Oberherrscher über die gesamte britische Insel
In der ANGELSÄCHSISCHEN CHRONIK[31] und in Bedas HISTORIA ECCLESIASTICE GENTIS ANGLORUM wird Oswald als Overlord (Oberherrscher) beschrieben. Er soll also über alle Briten, Pikten, Skoten und Angelsachsen geherrscht haben; auch das Königreich Dalriada soll ihn als Oberherrscher anerkannt haben; wie schon weiter oben erwähnt, umfasste dieses Königreich Teile des heutigen Schottlands und Nordirlands. In der ANGELSÄCHSISCHEN CHRONIK wird Oswald *Bretwalda* genannt; d.h. *der weithin Herrschende.* Insgesamt werden sieben Bretwaldas aufgezählt, darunter sind drei Könige von Northumbria: Edwin (627-632/33), Oswald (633/34-642) und Oswiu, ein Bruder von Oswald (642-670). Obwohl Oswald ein mächtiger und einflussreicher Herrscher geworden war, blieb er menschlich, bescheiden, einfühlsam und vergaß nicht, dass ein „Höherer" über ihm stand. So erzählt Beda: *„Es wird sogar berichtet, dass er häufig von der Zeit der*

---

[31] Die ANGELSÄCHSISCHE CHRONIK ist u.a. unter dem Project Gutenberg im Internet zu finden

29

Matutin[32] bis zum Tagesanbruch im Gebet aushielt und wegen des beständigen Brauchs zu beten und dem Herrn zu danken beim Sitzen immer die Hände nach oben gekehrt auf seinen Knien zu haben pflegte." [33] An einer anderen Stelle berichtet Beda, dass Oswald auch die Armen in seinem Reich nicht vergaß: *„Als er den Höhepunkt seiner Herrschaft erreicht hatte, war er dennoch, was wunderbar zu nennen ist, Armen und Pilgern gegenüber immer wohltätig und großherzig. So wird berichtet, dass einmal, als er am heiligen Ostertag mit dem oben erwähnten Bischof [34] zum Mahle saß und vor ihm auf dem Tisch ein mit königlichen Speisen reich gefüllter Silberteller gestellt wurde und die Hände schon zum Segnen des Brotes erhoben werden sollten, plötzlich einer seiner Thanen[35] eintrat, dem die Sorge für die Unterstützung der Armen übertragen war, und dem König mitteilte, dass eine sehr große Menge Armer von überall herkomme, auf dem Wege säße und vom König Almosen erbäte. Er befahl sogleich, die ihm vorgesetzten Speisen den Armen zu bringen, auch den Teller zu zerbrechen und stückweise unter ihnen zu verteilen.*" [36] Wie ist das heute, wenn die Mächtigen eines Reiches an einem Ort tagen und

---

[32] Matutin: Gebete (der frühen Christen) zwischen Mitternacht und dem frühen Morgen, um das Licht (Symbol für Christus) zu erwarten

[33] Beda III, 12, zitiert nach Günter Spitzbart, Lit.Nr.23

[34] Aidan

[35] Diener, Gefolgsmann

[36] Beda III, 6, siehe oben

speisen? Da wird schon vorher der Ort weiträumig abgesperrt, alles wird schön aufgeräumt, Bettler und andere unliebsame Leute werden entfernt. So ein Anblick muss den Mächtigen erspart bleiben. Eine Armenspeisung und die Verteilung von edlem Metall (Geld) auf Kosten der hohen Herren (und Damen) – so etwas geht doch gar nicht! Bei dem mächtigen König Oswald war das möglich. Ein Märchen aus vergangenen Zeiten? Am Anfang des Buches habe ich in einem Kapitel von den „Dark Ages", dem „Finsteren Zeitalter" geschrieben. Das Büchlein von Davidson Ellis hat den Titel *The Golden Age of Northumbria"* (Das goldene Zeitalter von Northumbria). Er meint damit die Zeit unter den Königen Edwin (616-632), Oswald (633/34-642), Oswiu, Oswalds Bruder (642-671) und ihrer Nachfolger bis zum Beginn der Vikinger-Invasionen im Jahre 787; *"The terrible raids oft he Vikings ended the Golden Age of Northumbria"* (Die schrecklichen Überfälle der Vikinger beendeten das Goldene Zeitalter von Northumbria). Er beschreibt sehr anschaulich die Leistung dieser christlichen Könige und der Mönche, die für die Bevölkerung wirklich eine gute (goldene) Zeit mit sich brachten. [37] Das gilt vor allem für die Regierungszeit von König Oswald: Das Volk war sicher vor Einfällen und Plünderungen, die soziale Lage wurde nach christlichen Grundsätzen verbessert und kulturell gab es einen großen Aufschwung. Hier sind vor allem die

---

[37] Lit.-Nr. 11

zahlreichen Kirchenbauten und Klostergründungen zu nennen. Die Mönche lebten wirklich christlich bescheiden und begegneten dem Volk auf Augenhöhe. Sie schufen wertvolle Abschriften der Heiligen Schrift; noch heute zählen das wahrscheinlich auf Iona gefertigte *„Book of Kells"* oder die *„Lindisfarne Gospels"* als Kunstwerke von unschätzbarem Wert. Im Trinity College in Dublin (früher in Kells Abbey) und in der Nationalbibliothek des Vereinigten Königreichs in London zählen sie zu den wertvollsten Schätzen.

Oswalds Tod

Wie weiter oben schon beschrieben, reichte König Oswalds Einflussbereich über das vereinigte Königreich Northumbria hinaus weit nach Norden und im Süden bis hinunter nach Wessex, durch die Beziehung zum König dieses Reiches; diese war darüber hinaus noch gefestigt durch Oswalds Heirat mit Cyneburth, der Tochter des Königs von Wessex. Dazwischen lag aber noch das Königreich Mercia, das vom mächtigen heidnischen König Penda regiert wurde. Penda von Mercia hatte sich zudem mit dem auch im Süden liegenden britischen Königreich Powys verbündet. So war Penda eine ständige Bedrohung für Oswalds Reich. Also stellte sich Oswald im Jahre 642 zum Kampf; doch diese Schlacht von Maserfield bei Oswestry konnte Penda für sich entscheiden. Oswalds Heer wurde aufgerieben und auch er selber kam ums Leben. Vor seinem

Hinscheiden betete er noch für die Seelen seiner Soldaten: *„Gott, erbarme Dich der Seelen ...“* [38]

Beda gibt als Todestag den 5. August an und stellt fest, dass Oswald im achtunddreißigsten Lebensjahr war. [39]

Penda ließ Oswalds Leichnam zerstückeln und Haupt und Hände an Stangen aufspießen und zur Schau stellen. Das sollte wohl alle abschrecken, die sich gegen den Heidenkönig Penda erheben wollten.

Die unmittelbare Folge von Oswalds Niederlage war die erneute Teilung des Königreiches Northumbria in die Teilreiche Bernicia und Deira. Das nördliche Bernicia regierte Oswalds Bruder Oswiu, das südliche Deira erhielt Osric aus der königlichen Linie von Edwin. Oswalds Bruder kam nach einem Jahr mit einem Heer, holte Haupt und Hände von Oswald und ließ das Haupt in der Kirche zu Lindisfarne und die Hände in der Königstadt Bamburgh beerdigen. [40]

Oswalds sterbliche Körperteile wurden, vor allem zur Zeit der Wikinger-Invasion (ab 787) in England, immer wieder an andere Orte gebracht werden, um sie vor Pünderungen und Schändungen zu sichern.

Oswalds Verehrung

Durch seinen Tod im Kampf gegen den heidnischen König Penda galt Oswald bald als Märtyrer und wurde vom Volk als Heiliger verehrt. Beda berichtet von Wundern, die sich an den Stätten von Oswalds

---

[38] Beda III, 12
[39] Beda III, 9
[40] Beda III, 12

Sieg in Heavenfield und seiner Niederlage in Maserfield ereigneten: *„Wie groß sein Glaube an Gott war, wie die Ergebenheit seines Herzens gewesen ist, zeigte sich auch nach seinem Tod in Wundertaten.*[41] Weiter erzählt Beda, dass die Menschen an die Heilkraft der Erde glaubten, von der Stelle wo Oswald starb. So nahmen sie Erde von der Stelle in Maserfield bei Oswestry mit, vermischten sie mit Wasser und gaben sie so den Kranken. Dieser Brauch hatte so stark zugenommen, dass an jener Stelle allmählich ein so tiefes Loch entstand, dass ein Mann darin stehen konnte, also so ungefähr knapp zwei Meter tief. Es seien mehrere Wunder geschehen, von denen Beda zwei davon näher beschreibt: Einmal stürzte ein Reitpferd in der Nähe der Stelle, wo Oswald starb. Es wälzte sich im Todeskampf umher und kam dabei an den Platz von Oswalds Tod. Da wurde es auf der Stelle gesund. Der Reiter erzählte davon im nächsten Wirtshaus. Als die Angehörigen eines gelähmten Mädchens das hörten, nahmen sie das Kind und brachten es an eben diese Stelle im großen Vertrauen, dass Oswald helfe. Tatsächlich wurde das Mädchen geheilt und konnte aus eigener Kraft zu ihrem Zuhause zurückgehen.

An einer anderen Stelle berichtet Beda von vielen Wundern, die sich bei dem Kreuz ereigneten, welches Oswald vor der Schlacht in Heavenfield bei Hexham errichtet hatte. Die Leute nahmen Splitter von dem Holz des Kreuzes mit und brachten diese

---

[41] Beda III, 9

ihren Kranken. Da seien viele geheilt worden. Ausführlich berichtet Beda von einem Mönch, namens Bothelm, der noch zu Bedas Zeiten am Leben war. Er hatte sich, als er aufs Eis ging, einen Arm gebrochen. Er bat einen anderen Bruder, der zu jenem Kreuz wallfahrtete, er möge ihm etwas von dem Kreuz mitbringen. Der Bruder brachte ihm ein wenig Moos mit, das er von jenem Kreuz abgelöst hatte und legte es dem Bruder Bothelm auf den verletzten Arm. Da schlief dieser bald zufrieden ein; und als er am Morgen erwachte war sein Arm geheilt und er konnte schmerzfrei arbeiten, so wie er es gewohnt war. [42]

Noch über ein anderes wunderbares Ereignis wird von Beda berichtet: Als die Königin Osthryths von Mercia, die Gemahlin des Königs Aethelred (674-704), die Gebeine von Oswald in ein bekanntes Kloster in Bardney, im Lande Lindsey, überführen wollte, ließen die Mönche den Wagen, auf dem die Gebeine lagen, nicht ins Kloster. Sie seien noch voller Wut auf Oswald gewesen, weil sie ihn als Fremden aus dem Norden betrachteten, der über das Land ihres Klosters herrschte. Der Wagen musste also in der Nacht draußen bleiben. Da stieg über dem Wagen eine wunderbare Lichtsäule bis zum Himmel auf, und diese war die ganze Nacht an allen Orten des Landes Lindsey zu sehen. Daraufhin waren die Mönche bereit, den Wagen ins Kloster einzulassen. Sie wuschen die Gebeine und legten sie in einen

---

[42] Beda III, 2

Schrein. Dort, wo sie das Wasser auf die Erde geschüttet hatten, war die Erde zu einer wundersamen Heilherde geworden, die vielen Menschen Linderung und Heilung brachte. [43]

Auch die Hand von Oswald soll unverwest geblieben sein, so wie es der Mönch und Bischof Aidan voraus gesagt hatte. Sie hatte ja einst das Essen mitsamt dem Silberteller für die Armen freigegeben. [44]

Durch die vielen Wunder und durch die Tatsache, dass Oswald im Kampf gegen einen heidnischen König ums Leben kam, wurde Oswald bald nach seinem Tod vom Volk als Heiliger verehrt. Das erste Zentrum der Oswald-Verehrung soll Barney in Linsey gewesen sein. Es entstanden zahlreiche Kirchen mit dem Patronate von St.Oswald, sowohl in England als auch auf dem europäischen Festland, besonders in Flandern, Deutschland, Österreich, Italien und in der Schweiz u.a. – Oswald Pink aus Karlsruhe, Pfarrer Josef Friesenecker aus St.Oswald/Freistadt in Ober-Österreich und David Goodman aus Oswaldkirk/York/GB haben weltweit über 300 St.Oswald-Patronate (Kirchen, Kapellen, Pfarreien usw.) gefunden.[45] Über die Ausbreitung der Oswald-Verehrung befasse ich mich im Folgenden näher.

---

[43] Beda III, 11
[44] Beda III, 6
[45] Siehe Literaturverzeichnis Nr.13,14, 18

Die Ausbreitung der Sankt-Oswald-Verehrung

„Die ersten Oswald-Verehrer auf dem Kontinente waren die Friesen. Zu ihnen kam als Glaubensbote der hl.Willibrord i.J. 690 aus seiner Heimat Nordumbrien", so behauptet J.Pölzl. [46]

Es ist jedoch durchaus erwägenswert, ob nicht die Franken die ersten Oswald-Verehrer waren, denn zu ihnen kam bereits der Hl.Kilian (* um 600, +689 in Würzburg) als „Entwicklungshelfer" und Glaubensbote. Kilian gilt als der Apostel des Frankenlandes, und da er aus einer iroschottischen Familie stammte, hat er bestimmt auch von St.Oswald berichtet. Die Vita des mächtigen und heiligen Königs Oswald dürfte vor allem am Herzogshof Interesse erweckt haben.

Noch heute (2005) gibt es im Bistum Würzburg drei St.Oswald-Pfarreien: Baunach, Aidhausen und Burkartroth-Waldfenster.

Nun aber wieder zu Willibrord (*658, +739), der das Kloster Echternach im heutigen Luxemburg mit Hilfe der Adelsherrschaft gründete. Dieses Kloster wurde *„der Hauptsitz der Missiontätigkeit in dieser Gegend, so auch der der Oswald-Verehrung in Deutschland, welche von hier aus mit der Einführung des Christentums zu den Sachsen gebracht wurde und bei denselben als seine Verwandten leichten Eingang fand. Das Oswald-Heiligtum (Reliquien) brachte auch nach Westfalen der Stifter des Klosters Herford, Waltgerus i.J. 789"*. [47] Waltgerus (Waltger) lebte von 760 bis 825, also ca. 100 Jahre später als Willibrord.

---

[46] Joachim Pölzl, Der Heilige König und Märtyrer Oswald, Stadtpatron von Traunstein in der Geschichte, Sage und Verehrung. Traunstein 1899

[47] Joachim Pölzl, a.a.O.

Ein Schüler des Hl.Willibrord war der Hl.Bonifatius (*672, +754), bekannt als der „Apostel Deutschlands". Bonifatius wiederum war ein Freund von Beda, der mit seiner „Kirchengeschichte des englischen Volkes"[48] als erster und zuverlässigster Biograf von St.Oswald gelten darf. So dürfte auch Bonifatius ein Verbreiter der Oswald-Verehrung gewesen sein.

An dieser Stelle darf Alkuin nicht vergessen werden. Er war ein Landsmann von Bonifatius und ein Verwandter von Willibrord. Alkuin wurde 782 von KARL d. GROSSEN an den Hof berufen, und er gründete dessen bekannte Hofschule. Alkuins Mutter Akka und Alkuins Schüler hatten nicht unerheblichen Einfluss auf den Klerus und auf die adeligen Karolinger, was bestimmt eine Begünstigung der Oswald-Verehrung wahrscheinlich macht.

Eine der ersten St.Oswald-Kirchen auf dem europäischen Festland dürfte Anif bei Salzburg sein. Die St.Oswald-Kirche in Anif wird bereits 788/90 in der so genannten „Notitia Arnonis" erwähnt, einem unter Bischof Arno (*740, +821) angelegten Verzeichnis des Salzburger Kirchenbesitztums. St.Virgil (*um 700 in Irland, +784 in Salzburg) wird wohl der „Gründer" von St.Oswald in Anif gewesen sein, denn er war der Vorgänger von Bischof Arno von Salzburg.

Virgil missionierte mit seinem Gefährten Modestus (*in Irland, +722 in Maria Saal) in Kärnten und in der Steiermark, wo es heute (2005) zahlreiche St.Oswald-Kirchen und Ortschaften mit dem Namen „St.Oswald" gibt.

St.Virgil gilt als „der Apostel Kärntens".

---

[48] Beda Venerabilis, HISTORIA ECCLESIASTICA GENTIS ANGLORUM
(siehe Lit. 02 u. 03)

38

War bisher von der Ausbreitung der Oswald-Verehrung vom 7. bis Anfang des 9.Jahrunderts die Rede, so soll in diesem Abschnitt der Aufschwung der Oswald-Verehrung im 11.bis 15. Jahrhundert behandelt werden.

Von der Pilgerschaft der irischen Mönche um Christi Willen wurde schon weiter oben berichtet. So machten sich auch um das Jahr 1067 wiederum drei irische Christen namens Marinus, Johannes und Candidus zu einer Wallfahrt nach Rom auf, um die Apostelgräber von Petrus und Paulus zu besuchen. In Bamberg legten sie einen längeren Aufenthalt ein. Wegen ihres vorbildlichen christlichen Lebens wurden sie von dem Bamberger Bischof Otto zu Mönchen geweiht und dem Abt des Benediktiner Klosters St.Michael unterstellt. Sie erhielten am Fuße des Bamberger Michelsberges eine kleine Zelle, und ihr Wunsch nach einem strengen asketischen Leben erfüllte sich. Sie erlernten auch die deutsche Sprache.

Sie wollten aber ihre Pilgerschaft nach Rom fortsetzen und zogen wohl um das Jahr 1070 weiter nach Regensburg, wo sie von der Äbtissin des Obermünsters ehrenvoll aufgenommen wurden und als „Inklusen" im Klosterbereich leben durften. Als Gegenleistung für ihre Aufnahme und Versorgung begannen sie sich mit Hilfe ihrer Schreibfertigkeit Anerkennung zu verschaffen. Sie kamen bald in den Konflikt, entweder ihr Wallfahrtsversprechen zu halten oder in Regensburg zu bleiben, um dort andere irische Pilger zu versorgen. Beim Gebet um eine glückliche Wanderschaft nach Rom in der Peterskirche vor den Mauern Regensburgs erhielten sie von Gott und dem Heiligen Petrus den Auftrag zum Bleiben. Formell hatten sie ja die Pilgerschaft zu St.Peter erfüllt, jedoch erheblich verkürzt, das sie ja nicht bis

St.Peter in Rom gekommen waren. In Regensburg sei man sehr erfreut über ihr Bleiben gewesen. [49]

Die oben erwähnten irischen Mönche gründeten das Kloster St.Jakob in Regensburg, das sich zu einer Bildungsstätte (vor allem für die Adeligen) und zu einer Herberge für die vielen Rom- und Jerusalemwallfahrer entwickelte. Von St.Jakob in Regensburg aus gab es zahlreiche Tochtergründungen: Wie St.Jakob in Erfurt, St.Jakob in Würzburg, St.Egidien in Nürnberg, St.Jakob in Konstanz, Heiligkreuz in Eichstätt, St.Marien in Wien, St.Nikolaus in Memmingen und sogar eine Niederlassung in Kiew. Der wirtschaftliche Bestand dieser irrtümlich als „Schottenklöster" bezeichneten Gründungen wurde durch adelige und bürgerliche Wohltäter gesichert. Wie kam es zur Bezeichnung „Schottenklöster"? „Die Iren werden in den Quellen vorwiegend SCOTI genannt, was zu einiger zum Teil bewusst geschürter Verwirrung in der Geschichtsschreibung führte. Das Wort SCOTI bezeichnete ursprünglich die gesamte gälisch sprechende Bevölkerung Irlands. Als irische Könige ab dem 4.Jahrhundert über das Meer Richtung Osten zogen, um das Reich der Pikten zu erobern, übertrugen sie ihren Namen auf das eroberte Land: *„Schottland..."* (*Helmut Flachenecker, in „Schottenklöster. Irische Benediktinerkonvente im hochmittelalterlichen Deutschland"* [50]

Wie aus der Aufzählung der Schottenklöster ersichtlich, wählten die irischen Mönche für ihre Kirchen keine typisch irischen Heiligen, sondern die auf dem Festland üblichen. Besonders hoch im Kurs schien St.Jakob als Pilgerpatron zu sein. Wenn sich die irischen Mönche bei

---

[49] Joachim Pölzl a.a.O. Lit.Nr. 19
[50] Joachim Pölzl a.a.O.

der Wahl der Kirchenpatronate auch taktisch anpassten, um nicht aufdringlich zu wirken, so dürften sie dennoch von ihren landsmännischen Heiligen erzählt haben; St.Oswald war sicher darunter. St.Oswald, der Königsohn, als Heide geboren, dem Heidengott Odin geweiht, im Exil auf Iona von Schottenmönchen christlich erzogen und getauft, als König gegen heidnische Könige siegreich gekämpft, in seinem Reich die Ausbreitung des Christentums gefördert und endlich im Kampf gegen einen heidnischen König ums Leben gekommen, wurde für Adelige der damaligen Zeit zu einem beliebten Patron. Dies' ist umso wahrscheinlicher, weil gerade damals viele Adelige (Grafen, Herzöge, Könige, Kaiser) an Kreuzzügen teilnahmen oder zumindest verwickelt waren. Noch dazu gingen drei Kreuzzüge von Regensburg aus.

St.Oswald war also der passende Patron für adelige Kreuzfahrer, die ja im Kampf gegen Heiden die heiligen Stätten in Jerusalem für die Christen zurück erobern wollten.

Der Deutsche Orden, die Johanniter, Malteser und Templer erwählten auch St.Oswald zu ihrem Patron. Da sich das Christentum heute als eine gewaltfreie Religion versteht, wollen diese Ordensgemeinschaften nicht mehr gerne an diese Zeit erinnert werden. Der Aufruf zur bewaffneten Wallfahrt bzw. zum bewaffneten Kreuzzug mit dem Slogan „Gott will es!" hat sehr viel Leid und Unrecht verursacht.

Datiert man die Zeit der Kreuzzüge nicht nur bis zum 7.Kreuzzug, so ergibt sich der Zeitraum von 1096 – 1444. Gerade in diesem Zeitraum sind viele St.Oswald-Kirchen geweiht oder St.Oswald-Orte gegründet worden, wie die folgende Tabelle zeigt:

Erste urkundliche Erwähnung von Orten bzw. Einweihung von St.Oswald-Kirchen:

Jahr	Ort
790	Anif-Salzburg
823	Baunach, Bistum Würzburg
1100	Jachenhausen, Ldkrs.Kehlheim
1150	Waldfenster-Stralsbach
1160	St.Oswald bei Ybbs
1234	St.Oswald in Krakaudorf, Steiermark
1260	St.Oswald-Freistadt, Niederösterreich
1297	Marktl am Inn, Ldkrs. Altötting
1300	Hörersdorf, nördl.Wien
1315	Salmanskirchen bei Erding
1315	Limberg, Kirchdorf bei Haag
1341	Buchen/Odenwald
1342	Traunstein
1375	Alpbach in Tirol
1389	St.Oswald im Bayerischen Wald
1399	St.Oswald ob Eibiswald
1478	Zug in der Schweiz

Diese -sicherlich nicht vollständige - Aufzählung und die Tatsache, dass alle diese St.Oswald-Ortschaften und St.Oswald-Kirchen von adeligen Herrschaften gegründet bzw. gestiftet wurden, gibt der oben dargestellten These, dass St.Oswald zur Zeit der Kreuzzüge ein beliebter Patron bei damaligen Verantwortungsträgern war, umso mehr Gewicht.

Die literarische Verbreitung der Oswald-Literatur
Für die Verbreitung eines Kultes sind auch literarische Werke von großer Bedeutung. Dies umso mehr, je verständlicher und anrührender sie unter dem Volk

verbreitet werden. Daher im Folgenden mehr über die Entstehung und Ausbreitung von Oswald-Literatur.

In England, Oswalds Heimatland, berichtete der Mönch und Geschichtsschreiber Beda (672/73-735) über Leben und Wirken von St.Oswald; er wollte diese Herrschergestalt bewusst „in den Mittelpunkt der englischen Frühgeschichte" stellen.[51] Nur noch der Mönch Reginald (12.Jh.) *„geht noch in einigen biographischen Einzelheiten über Beda hinaus"*[52]

Es ist also erstaunlich, dass in St.Oswalds Heimat darüber hinaus keine weitere Literatur bekannt ist. *„Daran trägt wohl nicht zuletzt Geoffrey of Monmouth Schuld, der gegen Mitte des 12. Jahrhunderts - vor dem neutralen Hintergrund der normannischen Oberherrschaft der Briten -* **Arthur zur Heldenfigur** *der nationalen Frühgeschichte erhob."*[53]

Im deutschsprachigen Raum blühte aber zur selben Zeit die Oswald-Dichtung auf. So entstand im 12. Jh. ein Versepos, das sich weit verbreitete und in mehreren Handschriften an verschieden Orten auftauchte; eine davon ist allgemein als **„Münchner Oswald"** bekannt (entstanden im 15.Jh.).

Dies' ist ein umfangreiches Versepos. Hieraus entstand nach Michael Curschmann die ostschwäbische ‚modernere' Prosabearbeitung im 15. Jahrhundert.[54] Sie wurde von einem Matthias von Günzburg geschrieben. Nach M.Curschmann war dieser Mann ein Berufsschreiber, und die sogenannte **„ostschwäbische Sankt Oswald-Prosa"** wurde auf dem freien Markt

---

[51] Michael Curschmann, Der Münchner Oswald, Max Niemeyer Verlag, Tübingen 1974, Vorwort VII-VIII
[52] a.a.O. VIII
[53] a.a.O. IX

43

gehandelt als Teil von weltlicher und geistlicher Erbauungsliteratur. [55]

Neben dem „Münchner Oswald" sind noch eine Wiener-, Innsbrucker-, Budapester-Fassung bekannt. Diese sind teilweise lückenhaft oder gar nicht mehr auffindbar. Insgesamt ist alles noch ziemlich unerforscht.

Joachin Pölzl aus Traunstein erwähnt 1898 noch 9 Handschriften: die Münchner, Wiener, Olmützer, Innsbrucker, Schaffhausener (in Poesie); die Stuttgarter, Berliner, Norddeutsche und eine im Sommerteil des Lebens der Heiligen (in Prosa). [56]

Interessant dürfte für den ehemaligen Wirkungskreis der Grafen von Leonberg[57] folgende Bemerkung von M.Curschmann sein: *„Zwei früher bezeugte Handschriften, die mit einiger Wahrscheinlichkeit ebenfalls den „Münchner Oswald" enthielten, sind verschollen:*

im 15.Jh. befand sich im Besitz der Grafen von Ortenburg, eines damals noch in Niederbayern ansässigen Geschlechts, ein Buch, von sand oswald ein puech, das nicht mehr aufzufinden war, als 1842 F. Schmidt die Tambacher Bibliothek inventarisierte." [58] In einer eigenen Arbeit habe ich die Oswald Legende, bekannt unter dem Namen „Münchner Oswald", in eine heute verständliche Sprache übertragen. Es sind 3560 Verse.

---

[55]M. Curschmann, a.a.O. Anhang, S.189/190

[56] Joachin Pölzl, Der heilige König Oswald, Stadtpatron von Traunstein. Traunstein, 1899, S.18

[57] Der Leonberger Graf Berengar III. stiftete die 1297 eingeweihte St.Oswald-Kirche in Marktl am Inn

[58] M.Curschmann, a.a.O. XIV

Oswald Reliquien

Reliquie	Ort	Überbringer
Haupt(-Teil?)	Durham/GB	Lindisfarne-Mönche
Körper(-Teil?)	Oswestry/GB	?
Arm(-Teil?)	Ely/GB	?
Haupt(-Teil?)	Echternach/L	St.Willibord (698)
Haupt(-Teil?)	Utrecht/NL	?
Körper(-Teil?)	Bergen/Belgien	?
Haupt(-Teil?)	Hildesheim	Heinrich d.Löwe mit Gemahlin Mathilde[59]
Haupt(-Teil?)	Paderborn (Dom)	?
Arm(-Teil?)	Weingarten	Judith v. Flandern[60]
Arm(-Teil?)	Solothurn/Schweiz	?
Finger,Haupt(-Teil?)	Zug/Schweiz	Kloster v.Schaffhausen
Finger(Daumen?)	Sauris di Sotto/Ital.	?
		Stand: 2014

Allgemeine Anmerkungen zu den Oswaldreliquien:
Wie schon berichtet, wurde Oswalds Körper nach seinem Tod von seinem Feind zerstückelt. Wo die einzelnen Körperteile ihre letzte Ruhe gefunden haben, ist nicht leicht zu bestimmen. Schon einige Jahrzehnte nach seinem Tod mussten seine sterblichen Überreste immer wieder vor den Überfällen der Wikinger in Sicherheit gebracht werden. Auch bei Kirchen-Neu und –Umbauten wurden sie immer wieder umgebettet. Bald setzte sich

---

[59] Die Gemahlin des Welfenherzogs Heinrich des Löwen hieß Mathilde; sie war eine Tochter des engl .Königs Heinrich II.
[60] Judith von Flandern, Gemahling (in zweiter Ehe 1070/71) vom Bayernherzog Welf IV.; sie war Witwe des Earl Tosting von Northumbria

auch in der katholischen Kirche der Brauch durch, Reliquien „zur Erhebung zur Ehre der Altäre" zu verwenden. „Bis heute empfiehlt das katholische Kirchenrecht die Bergung von Reliquien in einem Altar."[61] *„Reliquien erster Klasse sind Körperteile von Heiligen, insbesondere aus dem Skelett (ex ossibus, aus den Knochen), aber auch Haare, Fingernägel und, soweit erhalten, sonstige Überreste, in seltenen Fällen auch Blut. Bei Heiligen, deren Körper verbrannt wurden, gilt die Asche als Reliquie erster Klasse.*

Reliquien zweiter Klasse, auch echte Berührungsreliquien genannt, sind Gegenstände, die der Heilige zu seinen Lebzeiten berührt hat, insbesondere Objekte von besonderer biographischer Bedeutung. Dazu gehören etwa bei heiliggesprochenen Priestern und Ordensleuten ihre Gewänder, bei Märtyrern die Foltergeräte und Waffen, durch die sie ums Leben kamen.

Reliquien dritter Klasse oder mittelbare Berührungsreliquien sind Gegenstände, die Reliquien erster Klasse berührt haben. Solche Objekte, in der Regel kleine Papier- und Stoffquadrate, die kurz auf die Reliquien gelegt und hinterher auf Heiligenbildchen geklebt werden, werden in vielen katholischen Wallfahrtsorten, besonders in Südeuropa, bis heute als Souvenirs an Pilger verkauft."[62]

Nicht nur in der katholischen Kirche, sondern auch im Buddhismus und im Islam werden Reliquien verehrt. Streng genommen kennen auch Atheisten Reliquien; das bekannteste Beispiel ist der einbalsamierte Lenin.

Wie man alles übertreiben kann, so auch die Reliquienverehrung, und Geschäftemacher nützten und

---

[61] Ökomenisches Heiligenlexikon: Reliquien
[62] Wikipedia, Reliquie

nützen dies aus. Viele evangelische Christen betrachten die Heiligenreliquien als unchristlich. Über Wunder und Reliquien schreibt auch David Goodman in seinem Büchlein *„Who ist Saint Oswald?".* Aus dem Abschnitt *„Miracles and Relics"* zitiere ich in meiner deutschen Übersetzung: *„Im Zusammenhang mit Reliquien und mit dem Erdreich, an dem Platz, wo Oswald starb, berichtet Beda über viele wunderbare Heilungen, sowohl von Menschen, als auch von Tieren. Die Heilungen und deren Überlieferungen begannen zu wachsen – wie auch die Anzahl der vermuteten Teile von Oswalds Leichnam zunahm. Einige von Oswalds Gebeinen wurden in das Kloster zu Bardney, in der Nähe von Lincoln, gebracht, und diese sollen dort wunderbare Heilungen bewirkt haben.*

Man kann leicht skeptisch sein, und ohne Zweifel gab es auch einen Markt im Verkauf von Reliquien; aber Beda überprüfte seine Quellen sorgfältig vor Ort, soweit es ihm möglich war. Leute sind ja auch in Lourdes und an anderen Wallfahrtsorten geheilt worden. Gesundbeten wird auch heute in einem Teil der christlichen Tradition noch angewandt. Es ist auch müßig, darüber zu diskutieren, ob die Heilkraft mit Dingen oder Plätzen oder mit Menschen von außergewöhnlicher Spiritualität zusammen hängt. Wie viel wir uns auch immer verstandesmäßig bemühen wollen, ein wichtiger Faktor bleibt doch die Stärke der christlichen Glaubenserfahrung. Der Kult mit Reliquien steckt auch noch in uns, und sogar die „Primitiv-Methodisten" beziehen sich auf einen ihrer frühen „Heroen". Uns allen fällt es von Zeit zu Zeit schwer, mit Gott in Beziehung zu treten, mit seiner Herrlichkeit, seiner Liebe und seiner Heilkraft. Manche Dinge können uns da helfen: Manchen hilft die Musik, anderen helfen die „Wunder" der Natur, anderen helfen Dinge, die sich auf große Heilige der christlichen Vergangenheit beziehen. Eine Reliquie kann wie ein Telefon sein, das uns mit anderen Seelen oder mit Gott verbindet.

Die Berichte von wunderbaren Heilungen in Zusammenhang mit König Oswald hörten nicht mit Beda auf. *Einige Gebeine waren in den frühen 900-er Jahren nach Gloucester gebracht worden, also ca. 200 Jahre nach Oswalds Tod. Der unverweste Arm wurde zur Zeit der normannischen Eroberung in Petersbourgh verehrt. Ein Mönch aus Petersbourgh hatte ihn offensichtlich in Bamburgh gestohlen. Missionare aus Northumbria brachten die Bibel hauptsächlich nach Nord-Europa, und sie erzählten auch von englischen Heiligen. Einige brachten auch Reliquien mit.*"[63]

Die Iroschottische- und die Römisch Katholische Kirche

Oswald lebte während seines Exils im iroschottischen Königreich Dalriada; wurde dort als Prinz erzogen und er nahm höchstwahrscheinlich auch an Feldzügen in Schottland und Irland teil. Den christlichen Glauben lernte er auf der Insel Iona kennen; diese Insel gehörte auch zum Königreich Dalriada. Er wurde dort von den Nachfolgern des irischen Prinzen und Mönchs St.Columba ins Christentum eingeführt, und er empfing dort auch die christliche Taufe.

Schottland und Irland befanden sich nie unter der Herrschaft des Römerreiches und hatten auch nicht die Wirren der Völkerwanderung erlebt. Der Hadrianswall im Norden Englands, nördlich der Stadt Hexham, bildete die Grenze des Römischen Reiches. Der erste christliche Missionar Irlands war St.Patrick (geb.389, gest.461), der „Patron Irlands". Das Christentum breitete sich bald vom Norden Irlands auch nach Schottland aus. Die iroschottischen Mönche führten ein strenges, einfaches Leben und waren sehr gebildet. Einige Exemplare ihrer Schreibkunst sind noch erhalten: Das *Book of Kells* und das *Book of Lindisfarne* können noch heute bewundert

---

[63]Goodman David, Lit.Nr.14, Kapitel "Miracles and Relics

werden. Die iroschottischen Mönche konnten mit ihrem Missionseifer große Erfolge erzielen. Von ihrer *„peregrinatio pro Christo"*, dem *„in die Fremde gehen um Christi Willen"* habe ich schon berichtet. Die iroschottische Kirche unterschied sich in der Strukturform, in der Liturgie, in der Datumsfestlegung für das Osterfest, in der Tonsur (vollständige oder teilweise Entfernung des Kopfhaares aus religiösen Gründen) u.a. von der von Rom aus gelenkten Römisch-Katholischen Kirche und blieb mehr oder weniger eigenständig. Im Laufe der Zeit gab es immer wieder Diskussionen. Im Jahre 664 kam es in der Synode von Whitby zu einer Einigung. *Magnus Magnusson* hat sich in seinem Buch *„Lindisfarne the Cradle Island"*[64] eingehend damit befasst. Die Iroschottische Kirche fasst er unter dem Begriff *„Celtic/British Church"* zusammen. Das kommt daher, dass die iroschottischen Mönche hauptsächlich in Gebieten missionierten, wo ursprünglich die keltische Religion gelebt wurde. M.Magnusson stellt fest, dass es sowohl in der keltischen- als auch in der römisch-katholischen Kirche Klöster gab. Das Leben in den iroschottischen Klöstern war jedoch viel strenger als in den römisch-katholischen Klöstern. Zudem seien die römisch-katholischen Klöster Teil bzw. Zusatz der römisch-katholischen Kirche gewesen; die iroschottischen Klöster hingegen bildeten *„die Kirche"*. Der Abt eines Klosters stand über dem Bischof. Die römisch-katholischen Bischöfe zeigten sich mit mehr *„Pomp"* und Prunk, während die iroschottischen Bischöfe auf Einfachheit und Demut starken Wert legten. Zu denken gibt auch folgende Aussage in seinem Buch: *„Celtic clerikmen said: ``Do as I do`` and hoped to be*

---

[64] Magnusson Magnus, Lit.Nr.16, S.62 ff.

49

followed; Roman clerikmen said: ``Do as I say``, and expected to be obeyed."[65] Was – frei übersetzt – bedeutet: *Celtische Kleriker sagten, "Lebe so, wie ich lebe", und sie hofften, dass man ihnen nachfolgte; Römische Kleriker sagten: „Tu, was ich dir sage", und sie erwarteten, dass man ihnen gehorchte.* Ist das heute noch so?

St.Oswald als „Nachfolger" oder Ersatz für keltische Gottheiten ?

Dieses Thema befasst sich mit der Tatsache, dass viele alte heidnische Gepflogenheiten vom Christentum übernommen und umgedeutet wurden; hier im Speziellen von dem christlichen Heiligen König Oswald und den keltischen Gottheiten.

In unserer bayerischen Heimat sind wohl die Kelten das älteste namentlich bekannte Volk. Sie siedelten bereits einige Jahrhunderte vor Christi Geburt im heutigen Süd- und Südwestdeutschland, in Österreich, in der Schweiz, in Belgien und Frankreich, in Spanien und Portugal, im heutigen England, Schottland und Irland, sogar im so genannten Balkan und teilweise bis hinein in die heutige Türkei. Sie selber hinterließen uns keine schriftlichen Aufzeichnungen. Römische Schriftsteller u.a., z.B. Livius und Cäsar, berichteten über sie. Ansonsten können wir nur durch Funde und gezielte Ausgrabungen etwas über sie erfahren. 80% unseres Wissens über die Kelten haben wir durch Ausgrabungen, sagte ein Experte im Bayerischen Rundfunk (BR3, 03.11.2010, 20:15 Uhr)

---

[65] Magnusson Magnus, Lit.Nr.16, S.64

Um 15 v.Chr. kamen die Kelten in unserer Heimat unter die Herrschaft der Römer. Von da an gibt es in Bayern keine „freien" Keltensiedlungen mehr.[66]

Ihre Religion wurde von hoch gebildeten Priestern, den Druiden, unter dem Volk verbreitet. Sie glaubten an eine „Göttinnen-Trinität", die als Fruchtbarkeits-, Heilungs- und Geborgenheits-, Licht- und (Wieder)-Geburts-Bringerinnen verehrt und angerufen wurden. Den Göttinnen zugeordnet waren männliche Gottheiten als „potente Muttersöhnchen und glänzende Heroen"; so stellt es Georg Rohrecker dar, welcher inzwischen vier Bücher über unsere keltischen Wurzeln geschrieben hat. [67] Auch unsere christlichen **14 Nothelfer** stehen als Ersatz oder als Nachfolger der keltischen Frauen-Trinität[68] mit ihren elf Heroen. Rohrecker meint, „dahinter steckte einst sicher der wichtigste Hebel, um aus den wilden Kelten (der Ostalpen) endlich fromme Christen zu machen." [69]

Es ist allgemein bekannt, dass christliche Missionare, welche heidnischen Völkern das Christentum überbringen wollten, den Glauben der so genannten Heiden nicht in Grund und Boden verteufelten, sondern geschickt daran anknüpften oder heidnischen Gebräuchen einen christlichen Sinn gaben. Wenn sie dies nicht taten, sind sie oft kläglich gescheitert.

So wurde z.B. der Lichterbaum zur Wintersonnenwende in den Christbaum als Sinnbild für Christus als Lichtbringer umfunktioniert. Weihnachten, das Fest von Christi

---

[66] Siehe auch: Straßer Josef, *Keltische Funde in Leonberg*. In Marktler Geschichtsblätter, 26.Jg. 2.Halbjahr, 2001

[67] Rohrecker Georg, *Kelten-Götter-Heilige. Mythologie der Ostalpen*. Pichler Verlag Wien-Graz-Klagenfurt.2007, Seite 75

[68] „Barbara mit dem Turm, Margarete mit dem Wurm u. Katharina mit dem Radl, das sind die heiligen drei Madl"

[69] Rohrecker Georg, a.a.O.Seite 111

Geburt, wurde auf die Zeit der Wintersonnenwende gelegt; es wurde angeknüpft an vorchristliche Kulturen, welche die Wiedergeburt der Sonne und des Lichtes feierten.

St.Oswald gilt besonders in den Alpenländern als einer der 14 Nothelfer Er kam durch iroschottische Mönche in unsere Heimat und in den Ostalpenraum.

Hier fand er offensichtlich großen Anklang, und er passte gut in die mythologischen Fußstapfen der keltischen Heroengötter von **Lug und Taranis**. In den Legenden wurde Oswald immer mehr zu einem keltischen Heroen erhoben; dass er ein angelsächsischer König war, trat eher in den Hintergrund. Oswald wurde als Heiliger der Patron der englischen Könige, des Wetters, des Viehs, der Schnitter, welche die Ernte einbringen, der Bergleute, usw. Um die keltische Volksseele zufrieden zu stellen, wurden ihm zum Teil ganz wilde Geschichten zu geschrieben. [70]

So soll nach einer Legende zu Oswalds Zeiten ein Heidenkönig namens Aron gelebt haben. Dessen Tochter, mit Namen Pamige (oder Paimg), wollte Oswald als Frau anwerben. Aron begehrte aber seine Tochter selber und er ließ allen Freiern den Kopf abschlagen. Oswald gab daher seine Bewerbung nicht selber ab, sondern er schickte dazu seinen intelligenten, sprechenden Raben. Auch der Rabe wäre beinahe getötet worden, wenn ihn Pamige nicht befreit hätte. Oswald sollte auf Anweisung von Pamige mit einem großen Heer, einem Hirsch und dem Raben kommen und sie entführen. Oswald fiel nun in Arons Reich ein und tötete 3000 heidnische Helden auf dem Schlachtfeld. Als der Christenkönig Oswald alle wieder zum Leben erweckt und eine Quelle aus einem

---

[70] Vgl. Georg Rohrecker a.a.O. Seiten 164-166

Felsen entspringen lässt, ist Aron überzeugt und gibt ihm seine Tochter Pamige zur Frau. Aron lässt sich und seine Krieger taufen ... Christus erscheint in Gestalt eines Bettlers am Königshof von Oswald ...

Diese Legende, die stets weitergegeben, ergänzt und geändert wurde, ist u.a. noch in einer Handschrift aus dem 15. Jahrhundert erhalten und wird unter dem Namen „Der Münchner Oswald" in der Bayerischen Staatsbibliothek in München aufbewahrt. Michael Curschmann hat sie 1974 ediert und ich habe sie 2009 in eine heute verständliche Sprache übertragen. [71]

„Oswald verkörpert in seinen Legenden nämlich recht deutlich einen keltischen Heros und Herrn über Leben und Tod. Dazu passt natürlich der (sonst unmotivierte) Hirsch, das Symboltier des **Cernunnos**, des Herrn der Tiere und der keltischen Anderswelt , wo die Seelen der Verstorbenen Kelten auf ihre Wiedergeburt warten. Der Rabe ist ein uralter „Götterbote" und hier Symbol des Licht- und Fruchtbarkeitsheros **Lug** und des Tod- und Wiedergeburts-Aspektes der keltischen Frauen-Trinität. Oswalds Festtag, der 5.August, liegt nahe Lugnasad (1. Aug. = *Fest des Lug, zur Einstimmung auf die Ernte*) und deckt sich mit dem Festtag für Afra und für Maria Schnee, einer Variante der „Frau Holle", als die große Muttergöttin noch selbst das Wetter braute, bevor sie damit Atmosphäre-Heroen wie **Taranis** und Co. beschäftigte. Mit den zugewiesenen Bündeln an Eigenschaften und Bedeutungen (Wetter-, Ernte-, Viehpatron) eroberte Oswald jedenfalls im Dienste des Christentums über Jahrhunderte die ostalpinen Kultplätze seiner hiesigen „keltischen" Vorfahren.

---

[71] Curschmann Michael, Der Münchner Oswald. Mit einem Anhang: Die ostschwäbische Prosabearbeitung des 15.Jh. Max Niemeyer-Verlag, Tübingen, 1974

„Keltisch ging es zuletzt auch mit Oswalds Kopf zu. Der kam, nach dem Heldentod des Besitzers an der walisischen Grenze, zuerst in die Abtei Lindisfarne. Er soll später von den Angelsachsen zu den Niedersachsen gewandert und heute als Trophäe im Dom zu Hildesheim verwahrt sein. (Ein Privileg, das u.a.* auch Echternach u. Paderborn für sich beanspruchen.)"[72]

*Mit u.a könnte auch die Kathedrale zu Durham gemeint sein. Hier soll das Haupt von Oswald zusammen mit den sterblichen Überresten von St.Cuthbert[73] ruhen.

Wenn auch strenge Beweise für die von Rohrecker angeführten Zusammenhänge fehlen, so sind sie doch sehr einleuchtend und bedenkenswert. Es ist durch Funde inzwischen bewiesen, dass viele christliche Kapellen und Kirchen über keltischen Heiligtümern errichtet wurden. Manchmal wird in der heutigen „Kelten-Begeisterung" sicherlich auch übertrieben. Das Bemühen um eine bessere Kenntnis unserer keltischen Vorfahren erhellt aber so manche Glaubens- und Unglaubens-Gepflogenheit in unseren Tagen. Unsere Marktler Pfarrkirche ist dem Hl.Oswald geweiht. Die erste Kirche wurde 1297 eingeweiht; sie war von dem Leonberger Grafen Berengar III. gestiftet worden. Die Leonberger Burg stand einst an der Stelle, wo man in der Nähe die anfangs erwähnten keltischen Funde machte. Ob da ein Zusammenhang besteht oder ob es reiner Zufall ist, bleibt bis jetzt ungewiss.

---

[72] Rohrecker Georg, a.a.O. Lit.Nr.21 Seite 166
[73] Cuthbert, *635,+687, nordumbrischer Mönch u. Bischof von Lindisfarne

Fragen und Antworten

01 Wann wurde Oswald heilggesprochen?

Das Volk bestimmte in früherer Zeit, wer ein Heiliger war. Vom 6. Jahrhundert an brauchte man die bischöfliche Genehmigung, wenn die Reliquien *„zur Ehre der Altäre erhoben"* wurden. Schon bald war es nicht nur Frömmigkeit, sondern auch wirtschaftliches Interesse, die den Wunsch nach einem Heiligen hervorriefen. Die Zahl der Heiligen wuchs immer mehr. Somit wurde sie immer mehr entwertet. Der erste amtlich von der katholischen Kirche Heiliggesprochene war Bischof Ulrich von Augsburg (993). Ab dem 10. Jahrhundert zogen die Päpste das Recht der Heiligsprechung an sich. Ab 1588 gab es eine von Papst Sixtus V. ernannte „Heilige Kongregation", welche die Heiligsprechungen vorbereitete. Sie war eine Art Gerichtsverhandlung mit langen Untersuchungen. Mindestens zwei Wunder auf die Fürbitte des Heiligen waren eine Voraussetzung. Nach dem 2. Vatikanischen Konzil wurde ein überarbeitetes neues *„Martyrologium Romanum"* erarbeitet, in dem alle von der katholischen Kirche anerkannten Seligen und Heiligen verzeichnet sind. Papst Johannes II. hat insgesamt 1316 Menschen selig- und 483 heiliggesprochen. Das sind mehr, als in den 400 Jahren vorher. Ein Verfahren soll rund 250.000 Euro kosten. Das muss in der Regel die Diözese oder der Orden bezahlen, welche den Antrag auf die Heiligsprechung gestellt haben. Um 1997 arbeitete die Kongregation an 1500 Verfahren. Das erbrachte also eine wichtige Einnahme für den Vatikan.[74]

---

[74] Nach: *Ökumenisches Heiligenlexikon*

02 Kann ein militärischer Mensch ein Heiliger werden?
Aus der Heiligen Schrift wissen wir, dass Petrus zum Schwert griff und einem Amtsmann ein Ohr abschlug. Jesus gebot ihm, das Schwert wieder in die Scheide zu stecken und heilte den angerichteten Schaden. Neben dem Kreuz Christi wurden auch zwei Räuber gekreuzigt. Einer bereute seine Taten und glaubte an Jesus. Da sprach Jesus: „Noch heute wirst du bei mir im Paradiese sein." Im *„Katechismus der Katholischen Kirche"* steht unter dem Kapitel *„Vermeidung des Krieges"* u.a. zu lesen: *„Diejenigen, die sich als Militärangehörige in den Dienst ihres Vaterlandes stellen, verteidigen die Sicherheit und Freiheit der Völker. Wenn sie ihre Aufgabe richtig erfüllen, tragen sie zum Gemeinwohl der Nation und zur Erhaltung des Friedens bei."* [75] So werden von der katholischen Amtskirche auch ehemalige leitende Militärs als Selige oder Heilige anerkannt oder geduldet wie z.B. St.Oswald von Northumbria, St.Martin von Tours, der Bayernherzog Tassilo III., Ignatius von Loyola, Karl der Große….

03 Wie groß war ein Heer zu Oswalds Zeiten?
Michelle Ziegler geht in ihrer Abhandlung *„Oswald and the Irish"* [76] näher darauf ein. Sie unterscheidet zwischen *„armies and warbands"* (Armeen und Kriegsbanden). Eine „Kriegsbande" war – nach ihrer Forschung – eine bewaffnete Bande von etwa 7 bis 35 Mann. Die durchschnittliche Größe eines Heeres (bei ihr gleichgesetzt mit „Armee") bestand dagegen aus etwa 100 bis 300 Mann. Beda verwendet meist das lateinische Wort „exercitus", was meist mit „Heer" übersetzt wird –

---

[75] Katechismus der Katholischen Kirche, 2310, (2239, 1909)
[76] Lit.Nr.27

auch bei Spitzbart[77]. Bei unserer modernen Bundeswehr besteht das Heer aus 62.206 Soldatinnen und Soldaten, die Luftwaffe aus 30.009, die Marine aus 15.869.[78] Einen Vergleich vom 7. mit dem 21. Jahrhundert erübrigt sich.

04 Mit welchen Waffen kämpften die Soldaten zu Oswalds Zeiten?
Mit den Waffen zur damaligen Zeit hat sich H.Ellis Davidson näher befasst. In seinem Büchlein *„The Golden Age of Northumbria"* [79] zeigt er auf, wie in Stein gehauene Darstellungen und in Schnitzereien kämpfende Menschen dargestellt wurden. Sie kämpften mit Schwert und Schild, andere mit Pfeil und Bogen oder mit Speeren. Auch Kettenhemden und Schutzhelme sind zu erkennen. Könige und Adelige wurden mit ihren kostbaren Schwertern beerdigt. So bringen die von Archäologen durchgeführten Ausgrabungen oft wichtige Erkenntnisse.

05 Welche Fortbewegungsmöglichkeiten hatten die Menschen zu Oswalds Zeiten?
Das Gehen oder Marschieren mit mehr oder weniger gesunden und geübten Füssen war eine der häufigsten Arten der Fortbewegung. Durchschnittlich 30 km am Tag konnten wohl zurückgelegt werden. Aber auch die Fortbewegung mit Booten auf Flüssen oder auf dem Meer darf nicht vergessen werden. Die Geschwindigkeit richtete sich nach der Strömung oder Fließgeschwindigkeit des Gewässers und nach der Windstärke. Das Rudern oder das Segeln gegen Strömung und Wind erforderte natürlich mehr Zeit. Natürlich spielte auch die Beschaffenheit der Boote und die

---

[77] Lit.Nr. 23
[78] lt.offizieller Angabe der Bundeswehr (2014) auf www.bundeswehr.de
[79] Siehe Lit.Nr.11, S.6-7

Geschicklichkeit und Fitness der Menschen eine große Rolle. H.Ellis Davidson stellt in seinem o.a. Büchlein ein Ruderboot der damaligen Zeit dar, das aus Funden rekonstruiert werden konnte.[80] Für wohlhabendere Leute leisteten damals auch Pferde gute Dienste. Schaut man auf den heutigen Pferdehochleistungs-Sport, so ist es der höchste Traum eines Distanzreiters, am 100 Meilen-Ritt (entspricht 160 km) teilzunehmen; das bedeutet, an einem Tag, also in 10 bis 12 Stunden eine Strecke von 100 Meilen oder 160 km zu reiten. Gute Pferde zur Zeit von Oswald konnten sicher 60 bis 80 km pro Tag zurücklegen. Beda berichtet, dass König Oswald von der Klostergemeinschaft in Iona einen Mönch erbat, der in seinem Land das Christentum verkünden sollte. Max Adams macht sich Gedanken in seinem Buch „The King in the North"[81], ob Oswald dazu von seinem Königssitz Bamburgh nach Iona gereist sein könnte. Er kommt zu der Annahme, dass er dies wohl nicht getan hat, da er durch diese Reise zu lange von seiner Burg abwesend gewesen wäre und dies für die Sicherung seines Reiches nicht gut gewesen wäre. Max Adams meint, dass Oswald einen Kurier geschickt habe, und der Abt des Klosters Iona wohl zu ihm nach Bamburgh gereist sei.

06 Gebäude zu Oswalds Zeiten?
Max Adams schreibt in seinem Buch *„The King in the North"* sinngemäß: *„So weit wir wissen, gab es zu Oswalds Zeiten keine größeren Gebäude-Konstruktionen aus Stein in Northumbria..."*[82] Doch Oswald ließ die von Paulinus begonnene steinerne Kirche von York fertigstellen. Finan von Iona, der Nachfolger von Bischof Aidan, baute auf

---

[80] Lit.Nr. 11, S.1
[81] Lit.Nr. 6, S.165/166
[82] Adams Max, Lit.Nr.6, Kapitel „Wood and Stone"

Lindisfarne eine Kirche nach der irischen Methode, nicht aus Stein, sondern aus Eichenbalken und fertigte das Dach aus Reedstroh.[83] Wie bei Ausgrabungen festgestellt wurde, waren auch die Königshallen der northumbrischen Könige und die Gebäude von wohlhabenden Leuten aus wertvollem, beständigen Eichenholz gebaut.[84] Gewöhnliche Leute bauten sich einfache Rundhütten mit Grundfesten aus gestampftem Lehm, mit eingesetzten Holzpfosten, zusammengeflochten mit Ästen und mit Stroh ummantelt.[85] Auch die ersten Mönchszellen auf Iona bestanden wohl aus solchen Rundhütten.[86]

---

[83] Adams Max, Lit.Nr. 6 S.296
[84]Davidson H. Ellis, Lit.Nr. 11, S.18
[85] a.a.o. S.8
[86] Siehe meine Übersetzung von „Columba und Iona", S.12 ff

Kartenskizze von Großbritannien und Irland um 650
Von H.Eiblmeier, 2014

Literaturverzeichnis

01. *Lexika:* Ökomenisches Heiligenlexikon
www.heiligenlexikon.de
02. Biographisch-Bibliographes-Kirchenlexikon
www.bautz.de
03. Catholic Encyclopedia
www.newadvent.org
04. Die Geschichte des Christentums.
Herder Freiburg, 1993
05. SCOTTISCH-ROMAN CATHOLIC SAINTS.
Hephaestus Books
06. Adams Max, The King in the North. Life and
Times of Oswald of Northumbria. Head of Zeus,
London, 2013
07. Beda Venerabilis, HISTORIA ECCLESIASTICA
GENTIS ANGLORUM *(siehe bei Spitzbart G.)*
08. Bergamine Guiseppe, Un santo inglese a Sauris.
Il culto e il mito di Sant'Oswaldo nei territory
alpini e in Europa. Centro Etnografico, Sauris
2006
09. Curschmann Michael, Der Münchner Oswald
und die deutsche spielmännische Epik.
C.H.Beck'sche Verlagsbuchhandlung, München,
1964
10. Curschmann Michael, Der Münchner Oswald.
Mit einem Anhang: Die ostschwäbische
Prosabearbeitung des 15. Jh. Max Niemeyer
Verlag, Tübingen, 1974
11. Davidson H.Ellis, The Golden Age of
Northumbria. Then and There series Longmans.
London, 1958

12. Flachenecker Helmut, Schottenklöster – Irische Benediktinerkonvente im hochmittelalterlichen Deutschland. Ferdinand Schöning, Paderborn-München,1995
13. Friesenecker Josef, Heiliger Oswald unser Vorbild unser Anwalt. A-4271 St.Oswald/Freistadt, OÖ, 2004
14. Goodman David, Who is Saint Oswald? Oswaldkirk/York, 1994
15. Klüppel Theodor, Adoman, Das Leben des hl.Columba von Iona. Vita S.Columbae. Eingeleitet, übersetzt und mit Anmerkungen versehen. Hiersemann Verlag, Stuttgart, 2010
16. Magnusson Magnus, LINDISFARNE THE GRADLE ISLAND. The History Press, 2010
17. Ortner Franz, Der Kirchenpatron St.Oswald – Wie kam er nach Anif? In: Kirche Anif. Vertrautes in neuem Glanz. Festschrift zur Renovierung 1996-1999, Seiten 39-52
18. Pink Oswald, Oswald-PATROUINIEN (Kirchen, Kapellen, usw.). Karlsruhe, 2002
19. Pölzl Joachim, Der heilige König und Märtyrer Oswald, Stadtpatron von Traunstein. In der Geschichte, Sage und Verehrung. Traunstein, 1899
20. Ratzinger Josef Kardinal, Aus meinem Leben, Erinnerungen. Deutsche Verlags-Anstalt, München, 1998
21. Rohrecker Georg, Kelten-Götter-Heilige. Mythologie der Ostalpen. Pichler Verlag Wien-Graz-Klagenfurt, 2007, Seiten 164-166
22. Sharpe Richard, Adoman of Iona, LIFE ST COLUMBAE. Penguin Books, 1995

23. Spitzbart Günter, Beda der Ehrwürdige, Kirchengeschichte des englischen Volkes. Lateinisch und Deutsch. Wissenschaftliche Buchgesellschaft, Darmstadt, 1997
24. Straßer Josef, Keltische Funde in Leonberg. In: Marktler Geschichtsblätter, 26.Jg. 2.Halbjahr, 2001
25. Wiesheu Annette, Der Hl.Oswald und die Missionierung Englands. Referat, Marktl, 1998
26. Ziegler Michelle, The Politic of Exile in Early Nothumbria. In: The Heroic Age, Issue 2, Autum/Winter 1999
27. Ziegler Michelle, Oswald and the Irish. In: The Heroic Age, Issue 4, Winter 2001

Personen mit Bezug auf Oswald:
(Die Daten wurden aus den im Literaturverzeichnis angegebenen Lexika und aus Wikipedia entnommen)

Acha war die Gemahlin von König Aethelfrith; sie schenkte ihm sieben(?) Söhne und eine Tochter; der Erstgeborene war Oswald.
S. 9 ff.

Aebbe of Coldingham (Ebbe), geb. um 615 in Northumbria, gest. 683 in Coldingham/Schottland; Oswalds Schwester; Klostergründerin und Äbtissin von Ebchester, Kirk Hill at St.Abb's Head, Coldingham.
S. 10, 12

Aethelfrith, geb.?, gest.616, seit 592 König von Bernicia, seit 604 König von Northumbria (=Bernicia u. Deira); Oswalds Vater.
S. 9 ff

Aidan, geb. in Irland, gest. 651 in Bamburgh, ab 635 Bischof von Lindisfarne, von Oswald zur Missionierung seines Landes gerufen.
S.9, 27, 36

Alkuin, geb. um 735 in York/England; gest. 804 in Tours/Frankreich; Gelehrter, Abt in Tours; lernte 781 bei einer Romreise Karl den Großen kennen, der holte ihn an seine Hofschule in Aachen; 796 wurde er Abt der Benediktinerabtei Tours; er belebte das mönchische Leben; brachte wahrscheinlich auch die Oswald-Verehrung auf das europäische Festland.
S. 38

Cadwallon ap Cadfan (Cadwalader, Caswallon, Cadgublaun), geb. ?, gest. 634 bei Heavenfield nahe Hexham; Osric von Deira und Eanfrith von Bernicia wurden von ihm besiegt und getötet; er zog plündernd und verwüstend durch Northumbria; Paulinus, der Bischof von York musste nach Kent fliehen; 634 wurde er von Oswald in Heavenfield bei Hexham von Oswald besiegt und getötet.
S. 9, 23, 24-26

Columba von Iona, geb.521 in Irland, gest.597 auf Iona, irischer Prinz, Gründer zahlreicher klösterlicher Gemeinschaften in Irland, 563 Gründung des Klosters auf Iona, Missionierung der Pikten und Northumbrier, Kalligraph und Illuminator der Psalmen. Columba von Iona ist nicht zu verwechseln mit Columba dem Jüngeren, geb. um 542 in Irland, gest. 615 in Bobbio/Italien; er hatte Columba von Iona zum Vorbild; er gründete Klöster in Irland, Frankreich (Luxeuil-les-Bains …), Italien und verfasste eigene Klosterregeln …
S. 8 ff, 49

Cuthbert von Lindisfarne, geb.635 in Schottland, gest.687 als Einsiedler auf der Insel Farnein nahe Lindisfarne, 651 Eintritt ins Benediktinerkloster von Melrose, führte auf Lindisfarne die Beschlüsse der Synode von Whitby ein, wurde 685 zum Bischof von Lindisfarne berufen. Ab 1104 zusammen mit Oswalds Haupt in der Kathedrale von Durham bestattet.
S. 55, 65

Beda „Venerabilis", geb.672 in Monkton/England, gest. 735 in Jarrow/England, Priester, Mönch, Historiker, Kirchenlehrer, unterrichtete im Benediktinerkloster

Jarrow Grammatik, Poetik, Orthograpie u. Geschichtswissenschaften, sein Werk „Historia Ecclesiastica Gentis Anglorum" (Kirchengeschichte des engl. Volkes) – 731 vollendet - machte ihn berühmt. In diesem Werk sind auch viele fundierte Aussagen über König Oswald. Bedas Grab befindet sich noch heute in der Kathedrale von Durham.
Beda wird in diesem Buch häufig zitiert

Benedikt von Nursia, geb. um 480 in Nursia/Italien, gest. um 560 im Kloster Montecassino/Italien; Einsiedler, Ordensgründer, Abt auf dem Montecassino, „Vater des abendländischen Mönchtums"; die „Regula Benedicti" mit dem Wahlspruch „Ora et labora" (Bete und arbeite) wurde die grundlegende Regel für fast alle Klöster im Abendland; die strengere Regel von Columba dem Jüngeren konnte sich nicht weiter durchsetzen.
S. 22, 39

Bonifatius (Winfried, Wynfreth), geb. um 672 in Crediton/England, gest. 754 bei Dokkum/Niederlande; Glaubensbote in Deutschland, Bischof von Mainz, Märtyrer; legte in Nhutcelle (Nursling) sein Gelübte als Benediktiner-Mönch ab; 716 begann er seine Mission in Friesland; Papst Gregor II. beauftragte ihn als Heidenapostel der deutschen Völker; er reorganisierte 739 die Bistümer Passau, Regensburg, Salzburg und Freising u.a. 754/55 wurde er von heidnischen Friesen erschlagen; seine letzte Ruhestätte fand er in der Klosterkirche in Fulda; er wird als „der Apostel Deutschlands" verehrt.
S. 38

Eanfrith (Eanfrid, Enfrid), geb.?, (vor 604), gest. 634; Halbbruder von Oswald; Oswalds Vater Aethelfrith war in erster Ehe mit Bebba verheiratet, in zweiter Ehe mit Acha; Eanfrith stammte aus der ersten Ehe; Eanfrith war kurz König von Bernicia (633/634 – 634) – Northumbria war wieder geteilt in Bernicia und Deira - ; Eanfrith starb im Kampf gegen Cadwallon, vermutlich in York.
S. 10, 11, 24

Edwin (Eadwine, Edwine, Aeduinus), geb. um 584 in York, gest. 633 bei Doncaster; von 616 bis 633 König von Northumbria; 627 ließ sich Edwin samt seinen Gefolgsmännern in York von Paulinus taufen; 633 kam Edwin in der Schlacht gegen Cadwallon bei Hatfield Chase ums Leben; 634 besiegte Oswald Cadwallon in Heavenfield bei Hexham und wurde König von Northumbria.
S. 9-11, 23, 24, 28, 29, 31, 33

Gregor I. der Große, geb. um 540 in Rom, gest. 604 in Rom; Papst, Kirchenlehrer, Kirchenvater; er sandte Missionare nach England, um es von Süden her zu missionieren.
S. 8, 19

Oswiu (Osuiu, Oswio), geb. um 612, gest. 670; Bruder und Nachfolger von Oswald; ab 642 König von Bernicia, ab 651 auch König von Deira, also von gesamt Northumbria; er barg die sterblichen Reste von Oswald und brachte das Haupt ins Kloster Lindisfarne, Arme und Hände in die Hauptstadt Bamburgh; Oswiu gründete 657 das Kloster von Whitby und berief hierher die bekannte Synode von Whitby, wo man sich auf den römisch katholischen Ritus und auf das Datum des Osterfestes einigte; die Anhänger der iro-schottischen Tradition gingen darauf nach Schottland zurück; Oswiu starb 670 an einer Krankheit und wurde in der St.-Peters-Church im Kloster Whitby bestattet.
S. 10, 12, 29, 31, 33

Patrick von Irland, geb. um 389 in Bannaventa Berniae/England, gest. um 461 in Irland; Bischof, Glaubensbote in Irland; 432 geht er mit 24 Gefährten als Missionar nach Irland; er ließ angeblich 365 Kirchen bauen; er veranschaulichte die Trinität mit einem dreiblättrigen Kleeblatt; dies wurde zum irischen Nationalsymbol. Irische Mönche missionierten die Gegend des heutigen Schottland; der bekannteste ist Columba von Iona.
S. 12, 49

Penda, geb. um 605, gest. 655 in Winswaed; von ca. 626 bis 655 König von Mercia; Oswalds Vater Aethelfrith errang 615 einen Sieg über Mercia; 642 stellte sich Oswald in Maserfield bei Oswestry („Oswalds-Tree") gegen Penda; Oswald verlor die Schlacht und sein Leben; Penda ließ Oswalds Körper zerstückeln und Kopf und Hände an Stangen aufspießen.
S. 9, 23, 24, 28, 32, 33

Virgilius von Salzburg, geb. um 700 in Irland, gest. 784 in Salzburg; Bischof von Salzburg, Glaubensbote; er war zwei Jahre am Hofe Pippins des Kleinen; 743 holte ihn Odilo nach Bayern; Virgilius sandte seinen Gefährten Modestus als Bischof nach Maria-Saal in Klagenfurt; Virgilius wird „Apostel Kärntens" genannt; er brachte wahrscheinlich die Oswald-Verehrung in diese Gegend.
S. 38, 39

Waltger (Wolderus, Walter), geb. im 8.Jh. gest. 825 in Herford; gründete 789 die spätere Reichsabtei Herford; er hatte verwandtschaftliche oder andere Beziehungen zu einem englischen Königshaus und brachte Reliquien des Heiligen Oswald nach Herford; die Oswaldverehrung in Kirchdornberg und Herford konnte noch für das gesamte Mittelalter nachgewiesen werden.
S. 38

Willibrord von Echternach, geb. um 658 in Northumbria, gest. 739 in Echternach/Luxemburg; Benediktinermönch, Glaubensbote bei den Friesen, Erzbischof von Utrecht; gute Verbindungen zum Papst und zum karolingischen Königshaus; ab 719 von Bonifatius tatkräftig unterstützt, der sein Werk fortsetzte;
Willibrord wird „Apostel der Friesen" genannt; er brachte wahrscheinlich auch die Oswald-Verehrung auf das europäische Festland.
S. 37, 38

Danke allen für ihr Interesse an meiner Arbeit und danke allen für die Mithilfe bei der Erstellung der St.Oswald-Schriften und –Medien; besonders meiner Frau Luise, der Familie Wiesheu, den Mitarbeitern des Stadtarchivs Traunstein, der Bayerischen Staatsbibliothek München, den Mitarbeitern des Ökumenischen Heiligen Lexikons und allen, die auf meine Homepage mit kritischen und ergänzenden Anmerkungen reagiert haben.

Thanks also to David Goodman, Oswaldkirk/York,
to Revd. Christine Bull, Priest in Charge, Parish of St Oswalds Lee with Bingfield, New Castle upon Tyne, … and all English People for their help and interest on my pilgrimage in Saint Oswalds footsteps in June 2011

Oswald-Interessierte sind auch eingeladen zum Besuch meiner Homepage
www.eiblmeier-st-oswald.de
und/oder
www.eiblmeier-marktl.de

Notizen